19 mars 1888

Gravure P

CATALOGUE
D'ESTAMPES

PRINCIPALEMENT

DE PORTRAITS

ANCIENS ET MODERNES

VIGNETTES

FORMANT

La Collection de feu M. M...

Dont la vente aux enchères publiques aura lieu

HOTEL DES COMMISSAIRES-PRISEURS, RUE DROUOT, N° 9

SALLE N° 7

Les 19, 20, 21 et 22 Mars 1888

A UNE HEURE ET DEMIE

Par le ministère de M° **G. BOULLAND**, Commissaire-Priseur, 26, rue Neuve-des-Petits-Champs.

Assisté de **M. JULES BOUILLON**, Marchand d'Estampes de la Bibliothèque nationale, successeur de CLEMENT, rue des Saints-Pères, 3.

PARIS — 1888

AF472911

C 14

CATALOGUE
D'ESTAMPES
PRINCIPALEMENT
DE PORTRAITS
ANCIENS ET MODERNES
VIGNETTES
FORMANT
La Collection de feu M. M...

Dont la vente aux enchères publiques aura lieu

HOTEL DES COMMISSAIRES-PRISEURS, RUE DROUOT, N° 9,
SALLE N° 7

Les 19, 20, 21 et 22 Mars 1888

A UNE HEURE ET DEMIE

Par le ministère de Me **G. BOULLAND**, Commissaire-Priseur,
26, rue Neuve-des-Petits-Champs.

Assisté de **M. JULES BOUILLON**, Marchand d'Estampes de la Bibliothèque nationale, successeur de Clement, rue des Saints-Pères, 3.

PARIS — 1888

CONDITIONS DE LA VENTE

Elle sera faite au comptant.

Les Acquéreurs paieront CINQ POUR CENT en sus des enchères applicables aux frais.

M. J. BOUILLON, chargé de la vente, se réserve la faculté de rassembler ou de diviser les lots.

ORDRE DES VACATIONS

Lundi	19 Mars	....	Nos	1 à 168
Mardi	20 »	....		169 à 375
Mercredi	21 »	....		376 à 590
Jeudi	22 »	....		591 à la fin.

DÉSIGNATION

ESTAMPES

ADAM

1 — Princes de la maison d'Autriche. Quatre portraits in-8. Belles épreuves.

ALIBERT (Chez)

2 — *Cagliostro* (le comte et la comtesse de). Deux portraits in-8, en couleur, remargés.

ALIX (P.-M.)

3 — *Baptiste aîné*; en bas, est représentée une scène de *Robert, chef de brigands*. In-fol. en couleur. Belle épreuve.

4 — *Delille* (Jacques). In-fol. en couleur. Très belle épreuve, marge.

5 — *Lamoignon de Malesherbes*. In-fol. en couleur. Très belle épreuve.

6 — *Linné* (Charles), d'après Roslin. In-fol. en couleur. Belle épreuve.

7 — *Pitt* (William), d'après Ant. Hickel. In-fol. en couleur. Superbe épreuve, marge.

8 — *Le Vacher de Charmois* (J.-Ch.), d'après Violet. In-8 en couleur. Très belle épreuve.

ALIX ET MORRET

9 — *Pie VII*. Souverain Pontife. Deux portraits différents. In-fol. en couleur, d'après Garneray et Wicar. Très belles épreuves.

AMICONI ET HAID

10 — *Farinelli* (C.-B.), — *Kuperski* (J.), d'après lui-même. Deux portraits in-fol. Belles épreuves.

AMMAN (Jost)

11 — *Coligny* (Gaspard de), grand amiral de France. In-fol. Superbe épreuve.

ANSELIN (J.-L.)

12 — *Miromenil* (A.-T. Hue, marquis de). Deux épreuves, dont une avant toutes lettres, à l'état d'eau-forte.

ANONYMES

13 — *Andry* (C.-L.-F.), médecin de l'hospice de la Maternité. In-4. Deux épreuves, dont une avant toutes lettres.

14 — *Brunswick* (Charles-Guillaume-Ferdinand, duc de). In-fol. Epreuve avant toutes lettres, non entièrement terminée.

15 — *Charette*. In-fol. Belle épreuve.

16 — *Contat* (Mlle). — *Arnould* (Mlle). — *Clairon* (Mlle). Trois portraits in-8 en couleur. Belles épreuves.

17 — *Montalembert* (Marc-René, marquis de). In-4. Très belle épreuve.

18 — *Pascal* (Blaise). In-8. Belle épreuve, grande marge.

19 — *Thévet* (André), historiographe et cosmographe du roi. In-4 sur bois.

20 — *Vallet* (Pierre), brodeur ordinaire du Roi. In-8. Belle épreuve. Rare.

AUBERT ET SURUGUE

21 — *Gillot* (Cl.), d'après lui-même, — *Geoffroy* (Etienne-François), d'après Largillière. Deux portraits in-fol. Belles épreuves.

AUDOUIN (P.)

22 — *Mirabeau*. In-fol. Belle épreuve.

AUDOUIN ET NIEL

23 — *Berry* (la duchesse de), d'après Hesse. In-fol., — *Alençon* (le duc d'), — *Médicis* (Catherine de). Trois portraits.

AUDRAN (J.)

24 — *Estrées* (le maréchal d'), d'après Largillière. In-fol. Belle épreuve avant la lettre, marge.

AUDRAN, AVRIL, HALL, ETC.

25 — *Rubens* (P.-P.), — *Brizard*, — Le Pape *Clément IX*, — *Le Clerc de Juigné*. Quatre portraits in-fol.

AUDRAN, CARS ET VALLET

26 — *Baillet* (Adrien), — *Anguier* (Michel), d'après Revel, — *Balzac* (J.-L.-Guez, seigneur de). Trois portraits in-fol. Belles épreuves.

AVELINE (P.)

27 — *Monoyer* (J.-B.), d'après Kneller. In-folio. Très belle épreuve.

BALECHOU ET BEAUVARLET

28 — *Balechou* (J.-J.), d'après Arnavon.— *Bouchardon* (Edme), d'après Drouais. Deux portraits in-fol. Belles épreuves.

BALECHOU ET DREVET

29 — *Porée* (P.-C.), de la Société de Jésus, d'après Neilson, — *Sainte Marthe* (Dom Denys de), d'après Cazes. Deux portraits in-fol. Belles épreuves.

BARBIÉ (J.)

30 — *Paquier-Quesnel*, — le comte *d'Estaing*. Deux portraits in-8. Belles épreuves.

31 — *Turenne* (le vicomte de), d'après Nanteuil. In-8. Belle épreuve, marge

BARTOLOZZI (F.)

32 — *Mary*, Queen of Scots, d'après F. Zuccheri. In-fol. en pied. Très belle épreuve, marge.

BASAN

33 — *Puysegur* (le maréchal de), d'après Tournière. In-8. Rare épreuve avant toutes lettres, plus une épreuve avec la lettre. Deux pièces.

BAUSE, GARNERAY, ETC.

34 — *Koch* (H.-G.), — *Trenck* (F. baron de), — *Nivelle* (Gabriel-Nicolas). Trois portraits in-fol. Belles épreuves.

BEAUVARLET (J.-F.)

35 — *Bourgogne* (L.-J.-X., duc de), d'après Frédou. In-8. Belle épreuve, marge.

36 — *Relongue* (J.-Ch.), d'après Surugue. In-8. Belle épreuve, marge.

BEAUVARLET ET DUFLOS

37 — *Desmaretz* (Ph. O.), d'après Jouffroy, — *Tronson* (L.). Deux portraits in-fol. Belles épreuves.

BELLA (STEPHANUS DELLA)

38 — Vase en marbre des jardins Médicis à Rome. Belle épreuve

BERGER (D.)

39 — *Sabran* (Mme la marquise de), d'après Mme Le Brun. In-fol. Superbe épreuve.

BERTHET (L.)

40 — *Restif* (Nic.-Ed.), d'après Binet. In-4. Très belle épreuve, marge.

BERTINOT

41 — *Darboy* (Monseigneur), d'après Lehmann. Epreuve avant la lettre, sur chine.

BERVIC (CH.-CL.)

42 — *Sénac de Meilhan* (G.), d'après J.-S. Duplessis. In-fol. Superbe épreuve avant la lettre, marge.

BERVIC, LE CLERC ET PONCE

43 — *Linné* (Ch.), d'après Roslin, — *Louis XIV*, — *Louis XVI*. Trois portraits in-fol. et in-4. Belles épreuves.

BLOIS (A. DE)

44 — *Spanheim* (Fréd.), d'après W. Van Mieris. In-fol. Belle épreuve.

BOILLY (J.)

45 — Iconographie de l'Institut royal de France, ou collection des portraits des membres composant les quatre Académies, depuis 1814 jusqu'en 1825, dessinés d'après nature et lithographiés par J. Boilly. 193 pièces.

BOISSIEU

46 — *Boissieu* (J.-J. de). In-fol. Bonne épreuve.

BONHOMMÉ

47 — Envahissement de l'Assemblée, 15 mai 1848. Très belle épreuve.

BONNET

48 — *Duval* (Mlle). In-4, en couleur. Très belle épreuve, marge.

BONVOISIN

49 — *Broussais* (F.-J.-V.), d'après Duchesne. Deux épreuves, dont une avant la lettre, sur chine.

BOUCHER (F.)

50 — *Watteau* (Ant.), d'après lui-même. In-fol. Très belle épreuve.

BOUCHER (d'après F.)

51 — *Favart* (Madame), dans le rôle de *Ninette*, par la Live de Jully. In-4. Très belle épreuve.

BOURLIER (Marie-Anne)

52 — *Charlotte*, princesse de Galles. In-4. D'après Cosway. Belle épreuve, marge.

BOUTELOU (L.)

53 — *Chenier* (M. J.), d'après Lefebvre. In-8. Belle épreuve, marge.

BOUTTATS et VIGNON

54 — *Marie-Anne-Victoire* de Bavière, Dauphine de France, — *Isabelle* de Castille. Deux portraits in-fol. Belles épreuves.

CALAMATTA ET LEFÈVRE

55 — *Orléans* (le duc d'), d'après Ingres, — *Orléans* (la duchesse d') tenant son enfant dans ses bras, d'après Winterhalter. Deux portraits in-fol. avant la lettre.

CALAMATTA, LEFÈVRE, MULLER ET WEBER

56 — *Lamennais* (F. de), — Le général *Foy*, — *Dreux-Brézé*, — *J. Romain*. Quatre portraits in-fol. et in-4. Très belles épreuves, dont trois avant la lettre.

CARDON

57 — *Catalini* (Angelina), d'après Maria Pope. In-fol. en pied. Très belle épreuve, marge.

CARMONA (M.-S.)

58 — *Boucher* (François), d'après Roslin. In-fol. Belle épreuve.

CARMONTELLE (L.-C. DE)

59 — *Bezenval* (le baron de). In-fol, en pied. Très belle épreuve, marge.

60 — *Trudaine de Montigny* (J.-Ch.-Ph.). In-fol. Belle épreuve.

CARMONTELLE (L.-C. DE) ET CHEVILLET

61 — *Franklin* (Benjamin). Deux portraits différents. In-fol. Très belles épreuves, marges.

CARS (L.)

62 — *Hozier* (Mre Pierre d'). In-fol. Belle épreuve.

CARS ET SURUGUE

63 — *Bourdon* (Sébastien), d'après Rigaud, — *Boulongne* (Louis de). Deux portraits in-fol. Belles épreuves.

CATHELIN (L.-J.)

64 — *Grétry* (A.-E.-M.), d'après Madame Le Brun. In-fol. Belle épreuve, marge.

65 — *Piccini*. In-fol. Très belle épreuve avant toutes lettres, marge.

66 — *Piémont* (Marie-Adélaïde de France, princesse de), d'après Ducreux. In-fol. Belle épreuve, marge.

CATHELIN (L.-J.)

67 — Ch. *Rollin*, — *Marie-Thérèse*, — J. de *La Bruyère*, — l'Abbé *Pluche*. Quatre portraits in-8 et in-4. Belles épreuves.

CATHELIN ET CLÉMENT

68 — *Sacchini* (Ant.), d'après Jay, — *Condillac*, d'après Duval. Deux portraits. Belles épreuves.

CHALCOGRAPHIE DU LOUVRE

69 — Sujets et portraits dont les planches sont à la chalcographie du Louvre, par Morel, Romanet, L. Cars, Jeaurat, Surugue, Chereau, Tardieu, Duchange, Audran, Desrochers, Poilly, N. De Launay, Nanteuil, Simonneau, Drevet, Dupuis, Carmona, Edelinck, Van Schuppen, Muller, Vermeulen, Wille, etc., 113 pièces in-fol. à toutes marges.

CHAMBARS (TH.)

70 — *Eon de Beaumont* (la chevalière d'), d'après R. Cosway. In-8. Belle épreuve.

CHENU

71 — La marquise de *Verneuil*, — le duc de *Joyeuse*, — le duc de *Biron*. Trois portraits in-8. Belles épreuves.

CHENU ET LITTRET

72 — *Favart* (M. et Mme). Deux portraits in-8 d'après Garand et Liotard. Très belles épreuves, marges.

CHÉREAU (FR.)

73 — *Antin* (Louis-Antoine de Pardaillon de Gondrin, duc d'), d'après Rigaud. In-fol. Très belle épreuve, marge.

CHÉREAU ET VANGELISTY

74 — *Boyer* (Abel), d'après Landin, — *Buffon* (le comte de), d'après Pujos. Deux portraits in-fol. Belles épreuves.

CHÉREAU, PETIT ET PELLETIER

75 — *Sévigné* (Marie de Rabutin-Chantal, marquise de). Trois portraits différents, in-8. Belles épreuves.

CHÉRON (E.-S.)

76 — *Cheron* (Élisabeth-Sophie). In-8. (R.-D, 1). Très belle épreuve, marge.

CHEVILLET

77 — *Chardin* (J.-B.-S.), d'après lui-même. In-fol. Très belle épreuve.

78 — *Chartres* (Louis-Philippe d'Orléans, duc de). In-fol. Très belle épreuve, marge.

79 — *Miroménil* (Armand-Th. Hue, marquis de), d'après Wille fils. In-fol. Belle épreuve.

CHODOWIECKI

80 — *Bruckmann*, — J.-B. *Basedow*. Deux portraits in-8. Belles épreuves.

CHOFFART (P.-P.)

81 — *Bézout* (Étienne), de l'Académie royale des sciences. in-4 Très belle épreuve, marge.

82 — *Bonaparte*, premier Consul. In-8. Très belle épreuve, marge.

83 — Frontispice du catalogue Mariette, d'après Cochin. Très rare épreuve avant toutes lettres, non entièrement terminée, marge.

CHOFFART, DE LAUNAY, LE BEAU

84 — *Palissot* (Ch.), d'après Monet, — *Fénelon*, d'après Vivien, — Tourville (le comte de). Trois portraits in-8. Belles épreuves.

CLAESSENS (L.-A.)

85 — Portraits gravés pour illustrer une histoire de la Révolution. 90 pièces in-8. Très belles épreuves.

COCHIN (d'après Ch.-N.)

86 — *Alembert* (J. d'), — *Bouchardon* (Edme), — *Boucher* (François). Trois portraits in-4 gravés par Cathelin et L. Cars. Belles épreuves.

COCHIN ((d'après Ch.-N.)

87 — *Basan* (P. fr.), — *Jacquier* (fr. de Paule), — *Restout* (J.), — *Seroux-d'Agincourt*, (L.-G.). Quatre portraits in-4. Très belles épreuves, marges.

88 — *Chardin* (J.-S.). Deux portraits différents. In-4 gravés par L. Cars et J.-F. Rousseau. Très belles épreuves.

89 — *Chauvelin* (Henri-Philippe), — *Chenard* (S.), — *Chevert* (F. de). Trois portraits gravés par Cochin, Lingée et Watelet. Belles épreuves.

90 — *Coustou* (Ch.-P.), — *Coustou* (G.), — *Crébillon* (P.-J. de), — *Dortous de Mairan* (J.-J), — *Duchange* (Gaspard), cinq portraits gravés par Nicollet, Saint-Aubin, Watelet, Miger et Dupuis. Belles épreuves.

91 — *De Troy* (J.-F.), par Rousseau. In-4. Superbe épreuve avant la lettre, marge.

92 — *Favart* (Mme), actrice, par J.-J. Flipart. In-8. Très rare épreuve à l'état d'eau-forte, le buste seul.

93 — Le même portrait. Deux épreuves, dont une avant les mots : frontispice du Tome V, dans le haut.

94 — *Franklin* (Benjamin), — *Fréron* (E.-C.), — *Garrick* (David). Trois portraits gravés par Saint-Aubin, Hubert et Dupuis. Belles épreuves.

95 — *Gauzargues* (Ch.), — *Hallé* (Noël), — *Jeliote* (Pierre), — *La Place* (P.-A. de). Quatre portraits gravés par Saint-Aubin et Nicollet. Belles épreuves.

96 — *Le Bas* (J.-Ch.). Deux portraits différents, in-8 et in-4. Gravés par Gaucher et L.-J. Cathelin. Belles épreuves.

97 — Louis XVI debout, au milieu de figures allégoriques, par De Longueil. Superbe épreuve, marge.

98 — *Louis XV*, — l'abbé *Aubert*, — d'*Alembert*, — Caradeuc de *La Chalotais*, C.-N. *Cochin*, — *Crébillon*, — Th. *Raynal*, — C. *Vanloo*, — *Voltaire*. etc., etc. Douze portraits in-8 et in-4. Belles épreuves.

99 — *Mariette* (P.-J.), — *Marigny* (Le marquis de). Deux portraits gravés par Saint-Aubin et Cochin. Belles épreuves.

COCHIN (d'après Ch.-N.)

100 — *Marmontel* (J.-F.). Deux portraits différents, dont un avant la lettre.

101 — *Mondonville* (J.-J. Cassanea de), — *Morand* (S. Fr.), — *Parcieux* (Ant. de), — *Parrocel* (C.). Quatre portraits gravés par Saint-Aubin, Nicollet, Cochin et Dupuis. Belles épreuves.

102 — *Roettiers* (Jacques), — *Roettiers* (Joseph-Charles), — *Roslin* (A.). Trois portraits gravés par Saint-Aubin et Nicollet. Belles épreuves.

103 — *Slodtz* (Sébastien-Ant.), — *Slodtz* (Paul-Ambroise), — *Slodtz* (Michel-Ange). Trois portraits gravés par L. Cars. Belles épreuves.

104 — *Trudaine* (J.-Ch.-Ph.). — *Turgot*. Deux portraits différents, — *Vanloo* (Carle). Quatre portraits gravés par Saint-Aubin, Dupin, Watelet et Daullé. Belles épreuves.

105 — *Vence* (C.-A. de Villeneuve, comte de), — *Vernet* (Ch.-J.), — *Walpole* (Thomas). Trois portraits gravés par Watelet, Nicolet et Saint-Aubin. Belles épreuves.

106 — *Watelet* (Cl.-H.), par L. Lempereur. In-4. Très belle épreuve.

COLIBERT (N.)

107 — *Roland* (Jean-Marie). In-fol. Très belle épreuve, marge.

COLLYER

108 — *Fitzherbert* (Miss). In-12. Belle épreuve avant la lettre, marge.

COSSIN et WILLE

109 — *Chauveau* (François), d'après Lefebvre, — *Chicoyneau* (F.), d'après Le Sueur. Belles épreuves.

COUCHÉ

110 — *Orléans* (Louise-Marie-Adélaïde de Bourbon, duchesse d'). In-4. Belle épreuve.

COUTELLIER

111 — *Olivier* (Melle), de la Comédie française, dans le rôle de Chérubin, *Mariage de Figaro*. In-4, en couleur. Superbe épreuve, toutes marges.

COYPEL (Ch.)

112 — *Maroulle* (J.-A. de), (R. D. 22). Rare épreuve du premier état, avant la lettre.

CRÉPY

113 — L'Électeur de *Cologne*, — La Douairière d'*Orléans*, — L. Phelypeaux de *Pontchartrin*, — Mlle d'*Orléans*, — M. *le duc*, — le cardinal de *Noailles*. Six portraits in-8, dans des entourages d'ornements. Très belles épreuves. Rares.

CUSTODIS (D.)

114 — *Ferrare* (Alphonse II, duc de), in-4 Belle épreuve.

115 — H. de *Montmorency*, — *Charles V*, — le comte de *Soissons*, — Ch. de *Bourbon*, — le duc d'*Espernon*, — *Philippe II*, — le duc de *Ferrare*, etc. Sept portraits in-8. Belles épreuves.

DAGOTY fils (G.)

116 — M. le duc de *La Vrillière*. In-4 en couleur. Très belle épreuve.

DALEN (C. Van)

117 — *Deleboe* (Fr. Sylvius), médecin. In-fol. Très belle épreuve.

118 — *Schürman* (Anna-Maria). In-fol. Très belle épreuve.

DAULLÉ (J.)

119 — *Caylus* (Marguerite de Valois, comtesse de), d'après Rigaud. In-fol. Très belle épreuve, marge.

120 — *Gauffecourt*, d'après Nonnote. In-fol. Belle épreuve, marge.

121 — *Lamoignon* (Guillaume de), d'après Valade. In-fol. Belle épreuve.

DAULLÉ (J.)

122 — *Mariette* (Jean), d'après Pesne. In-fol. Très belle épreuve.

123 — *Maupertuis* (P.-L. de), d'après Tournières. In-fol. Très belle épreuve avant toutes lettres.

124 — *Pélissier* (Melle), actrice, d'après H. Drouais, in-fol. Très belle épreuve, marge.

125 — *Polignac* (le cardinal de), — le duc d'*Orléans*, — Georges *Mareschal*, etc. Quatre portraits, in-8. Belles épreuves.

DE LAUNAY (N.)

126 — *Bignon* (Armand-Jérôme), d'après Drouais, in-fol. Belle épreuve.

127 — *Choiseul* (Etienne-François, duc de), d'après Vanloo, in-4. Belle épreuve, marge.

128 — *De Troy* (J.-B.-F.), d'après Aved, in-fol. Belle épreuve, marge.

129 — *Fontenelle*, — Dorat, — Piron. Trois portraits, in-12. Belles épreuves.

130 — Expériences aérostatiques faites à Versailles, Paris et Lyon, en 1783 et 1784, par M. de Montgolfier et MM. Charles et Robert. Quatre pièces. Très belles épreuves.

DELVAUX (R.)

131 — R. Just *Haüy*, — *Riquet de Bonrepos*, — Mme du *Chatelet*, — Stanislas-Auguste *Poniatowski*, roi de Pologne, — *Campistron*, — *Andrieux*, — *Th. Corneille*, — *Le Tasse*, — *Crebillon*, — *Petrarque*, — *Baron* et *Dorat* etc. Treize portraits, in-8 et in-12. Belles épreuves.

132 — *Sévigné* (Marie de Rabutin-Chantal, Marquise de), in-12. Très belle épreuve. Rare.

133 — Le même portrait gravé en contre-partie, sans noms d'artistes. Très belle épreuve.

DE MARCENAY

134 — *Berghe* (Henri, comte de), d'après Vandyck, in-fol. Épreuve avant la lettre, marge.

135 — *Brunswick* (Charles, duc de), d'après la Fontaine, in-fol.

136 — Le Maréchal de *Saxe*, — *Henri IV*, — *Sully*, — *Tintoret*, etc. Cinq portraits in-8. Belles épreuves.

DESENNE

137 — Portraits de la collection Menard et Desenne. Douze pièces, in-8. En partie avant la lettre.

DESNOS (A Paris, chez)

138 — *Louis-Auguste*, Dauphin de France (Louis XVI). In-4. Belle épreuve.

DESPREZ (L.-C.)

139 — *Perronet* (Jean-Rodolphle), in-4. Très belle épreuve.

DESROCHERS

140 — *Savoye* (Henriette-Adélaïde de), in-4. Belle épreuve, marge.

141 — Portraits de personnages célèbres du dix-septième siècle, publiés par Desroches. Soixante-douze pièces. Très belles épreuves.

DEVAUX

142 — *Laruette* (Mme), de la Comédie italienne, d'après Simonet. In-fol. Belle épreuve.

143 — *Preville* (Angélique Drouin, femme) d'après Simonet. in-fol. Belle épreuve, marge.

DEVERIA (d'après)

144 — Portraits de poètes français des dix-huitième et dix-neuvième siècles. Quinze portraits, in-8. En partie avant la lettre ou à l'eau-forte.

145 — Portraits pouvant servir pour illustrer les *Lettres* de Mme de Sévigné, édition Dalibon. Vingt-huit pièces, in-8. En grande partie avant la lettre ou à l'eau-forte.

DEVERIA ET DESENNE

146 — Portraits de la collection Janet. Quarante portraits, in-8. En partie avant la lettre ou à l'eau-forte.

DIEN (M.-F.)

147 — *Jorniac de Saint-Meard*, — le marquis de *Ferrières*, — Mme *Campan*, — le Maréchal de *Luxembourg*, — d'*Aguesseau*, — Henri *Cochin*, — d'*Argenson*, — etc. Huit portraits, in-8. En partie avant la lettre.

DIEN (J.-B.)

148 — *Verniquet*, d'après Bouché. In-fol. Épreuve avant la lettre.

DIVERS

149 — *Bartolini*, — le sultan *Abd-ul-Medjid*, — *Beethoven*, — *Haydn*, — *Saussure* (Horace B. de), etc. Sept portraits, in-fol. Belles épreuves.

150 — *Beaumarchais*, — *Bach*, — André *del Sarte*, — *Baptiste* aîné, — *Bausset* (le cardinal de), — *Bergeret*, — *Baroche*, — *Blumenbach*, — *Camoëns*, — *Canova*, — *Carondelet*, — Mme *Catalini*, etc. Vingt-trois portraits, in-fol. et in-8, dont plusieurs avant la lettre.

151 — *Breugel* (P.), — *Bouillon* (le cardinal de), — *Cars* (Laurent), — *Bureau* (Jean). Quatre portraits in-fol, par Sadeler, Preisler, Miger et Grignon. Belles épreuves.

152 — *Choiseul-Gouffier*, — *Chardin*, — l'archiduc *Charles*, — *Charles-Théodore*, comte palatin, — *Chaumette*, — *Clairaut*, — *Condorcet*, — *Corvisart*, — *Cousin*, — *Cuvier*, — *Damas*, — *David*, — *Decamps*, — Mme *Dorval*, — *Drouais*, — Mme *du Chastelet*, — Al. *Dumas*, — *Duret*, — cardinal *Fleury*, etc. Trente-deux portraits, in-fol. et in-4, plusieurs sont avant la lettre.

153 — *Copernic*, — l'abbé *Deguerry*, d'après Lehmann, — *Fourrier* (Charles), — Gabrielle d'*Estrées*, — *Gluck*, — W. *Herschel*, etc. Sept portraits in-fol. Belles épreuves.

DIVERS

154 — *Henri IV*, — *Herder*, — Jane *Grey*, — La reine *Hortense*, *Jefferson*, — *Flandrin*, — *Fontaine*, — *Gavarni*, — *Gaveaux*, — Madame de *Genlis*, — *Girodet*, — Le Pape *Grégoire XVI*, — *Guérin*, — *Habeneck*, — Arsène *Houssaye*, — *Ingres*, — *Kléber*, etc. Quarante et un portraits, in-fol., in-4 et in-8. Belles épreuves.

155 — *Lessing* (G. E.), — *Lablache*, — *Lafontaine*, — *Lagrange*, — *Lalli-Tollendal*, — *Las Cases*, — *La Tour*, — *Léopold Ier*, roi des Belges, etc. Douze portraits in-fol. et in-4.

156 — *Louis-Napoléon*, roi de Hollande, — Mme *Louise-Marie* de France, carmélite, — *Luther*, — *Luynes* (P. d'Albert de). Cinq portraits in-fol. Belles épreuves.

157 — *Molière* (J.-B. Poquelin de). Seize portraits différents, par Duflos, Delvaux, Crepy, Saint-Aubin, Audran, Punt Hopwood, Lignon, Ingouf, H. Dupont, etc. Très belles épreuves, dont plusieurs avant la lettre.

158 — *Mozart* (W. A.), — *Mansfeld* (le comte de), — *Meytens* (Martin de), — *Malesherbes*, — Mme *Malibran*, — l'abbé *Mauri*, — *Montgolfier*, — *Netscher*, — *Niebuhr*, — *Marie Stuart*, — Le général *Marmont*, — Chr. de *Méchel*, — H. J. de *Médicis*, — *Michel-Ange*, — H. *Monnier*, — *Monrose*, — *Monsigny*, — Le duc de *Morny*, — *Murillo*, — Le maréchal de *Noailles*, — Princes et Princesses de la famille d'Orléans, etc. Trente-quatre portraits, dont plusieurs avant la lettre.

159 — *Paër* (F.), — *Béranger*, — *Saint-Aubin* (Mme), — *Sand* (George), — *Paganini*, — *Butler* (J.), — *Perugino* (P.), — *Grégoire XVI*, — *Porbus* (F.), — *Primaticcio*, — *Puget* (P.) — *Racine*, — *Raimondi*, — *Rambouillet* (Lucie Lucine d'Angennes, damoiselle de), — *Raphaël*, — *Redouté*, — *Regnault* (H.), — *Rizia* (David), — *Robert* (L.), — *Rousseau*, — *Samson*, — *Schiller*, etc. Trente portraits in-fol., in-4 et in-8; plusieurs sont avant la lettre.

DIVERS

160 — *Pierre* (J. B. M.), — *Paris* (F. de), — *Pasquier* (Etienne), — *Patin* (Charles), — *Pellerin* (Joseph), etc. Six pièces in-fol. Belles épreuves.

161 — Portraits et sujets relatifs à Napoléon. Dix pièces, dont deux à l'état d'eau-forte.

162 — *Préville*, — *Dauberval*, — *Brizard*, — David *Garrick*, — *Albouy-Dazincourt*, — *Caillot* (Joseph), — *Dominique* (Joseph). — *Brecourt*, etc. Dix portraits in-8 et in-4. Belles épreuves.

163 — *Richelieu* (le maréchal de), — *Rohan* (Henri, duc de), — *Bennigsen* (Baron), etc. Quatre portraits. Belles épreuves.

164 — *Siddons* (M^rs), — Théodore *Dauberval*, — *Dumesnil* (Mlle), *Barilli* (Marianne), — *Dutey* (Mlle), — *Duchesnois* (Joséphine). Douze portraits in-8 et in-4. Belles épreuves.

165 — Mme *Taglioni*, — *Vauquelin*, — *Winkelman*, — Le baron de *Vicq*, — Mrs *Siddons*, — *Sigalon*, — Le comte *Siméon*, — Mlle *Sontag*, — Van *Spaendonck*, — J. *Steen*, — *Suard*, — *Tintoret*, — Mme *Viardot*, — Le baron *Walckenaer*, — Lord *Walpole*, — Mme *Sontag*, etc. Vingt-trois portraits, dont plusieurs avant la lettre.

166 — *Watteau* (Ant.), — *Le Clerc* (Sébastien), — *Durer* (Albert), — *Wilkie* (D.), — *Mantegna* (Andrea), — *Michel-Ange Buonaroti*, — Inigo *Jones*. Sept portraits. Belles épreuves.

167 — Vues de France et eaux-fortes modernes. Cinq pièces.

168 — Sous ce numéro, il sera vendu environ quinze cents portraits pouvant servir à l'illustration des livres.

DREVET (P.)

169 — *Bertin* (P. V.), d'après Rigaud. In-fol. Belle épreuve.

170 — *Boileau-Despréaux* (Nicolas), d'après Rigaud. In-fol. Très belle épreuve, marge.

171 — *Cotte* (Robert de), d'après Rigaud. Très belle épreuve du premier état, avant le mot architecte.

172 — *Dangeau* (Phil., marquis de), d'après H. Rigaud. In-fol.

DREVET (P.)

173 — *Félibien* (André), d'après Le Brun, in-4. Très belle épreuve.

174 — *Keller* (J. Balth), commissaire général des fontes de l'artillerie de France, d'après Rigaud, in-fol. Très belle épreuve.

175 — *Nemours* (Marie, duchesse de), d'après Rigaud, in-fol. Belle épreuve.

176 — *Noailles* (Adr. Maur., maréchal, duc de), d'après Fr. de Troy, in-fol. Superbe épreuve.

177 — *Rigaud* (Hyacinthe), d'après lui-même, in-fol. Très belle épreuve.

DREVET (P.-J.)

178 — *Bernard* (Samuel), d'après Rigaud, in-fol. Très belle épreuve.

179 — *Bossuet* (Jacques Benigne), d'après Rigaud (12). Très belle épreuve.

180 — *Cisternay du Fay* (Ch. J. de), d'après Rigaud, in-8. Belle épreuve, marge.

181 — *Dubois* (le cardinal Guill.), d'après H. Rigaud, in-fol. Très belle épreuve.

182 — *Lecouvreur* (Adrienne), d'après Ch. Coypel, in-fol. Très belle épreuve.

183 — *Orléans* (Louise Adélaïde d'), abbesse de Chelles, d'après Gobert, in-4. Très belle épreuve.

184 — *Orléans* (Louis d'), fils du Régent, d'après Ch. Coypel. Très belle épreuve.

DREVET (Claude)

185 — *Besenval* (Jean-Victor), d'après Messonier, in-4. Belle épreuve, marge.

186 — *Le Blanc* (Cl.), d'après A. Le Prieur. Belle épreuve.

187 — *Vintimille* (Charles-Gaspard-Guillaume de), archevêque de Paris, d'après Rigaud, in-fol. Très belle épreuve.

DREVET et EDELINCK

188 — *Dombes* (Louis-Aug., prince de), d'après de Troy, — *Moreri*, d'après de Troy. Deux portraits in-fol. Belles épreuves.

DUCHANGE

189 — *Girardon* (François), d'après Rigaud, in-fol. Très belle épreuve, marge.

190 — *Lafosse* (Charles de), d'après H. Rigaud, in-fol. Belle épreuve.

DUCHANGE et BOILLY

191 — *Coypel* (Antoine), d'après lui-même, — *De Troy* (Fr.), d'après lui-même. Deux portraits in-fol. Belles épreuves.

DUFLOS (Cl.)

192 — *Le Clerc* (Sébastien), in-fol. Belle épreuve, marge.

193 — Marguerite de *Valois*, — de *Chaulieu*, — *Perefixe de Beaumont*, — J.-B. *Rousseau*, etc. Cinq portraits in-8 et in-4. Belles épreuves.

DUFLOS et BARTOLOZZI

194 — *Thiery* (D.), d'après Ferdinand, — *Turlo* (lord), d'après Reynolds. Deux portraits in-fol. Belles épreuves.

DUHAMEL

195 — *Provence* (le comte de), d'après Marillier, in-8. Belle épreuve avant le numéro, marge.

DUHAMEL, LE CŒUR et BOYDELL

196 — *Cagliostro* (le comte et la comtesse de). Trois portraits. Belles épreuves.

DUPUIS (Ch.)

197 — *Coustou* (N.), d'après Le Gros, in-fol. Belle épreuve, marge.

198 — *Sobieska* (Marie-Clémentine), femme du prétendant Ch. Ed. Stuart, in-fol. Très belle épreuve.

DUPUIS (N)

199 — *Le Normant de Tournehem* (Ch.-Fr.-Paul), d'après Tocquié, in-fol. Très belle épreuve, marge.

200 — *Wouwermans* (Philippe), d'après C. de Vischer, in-fol. Très belle épreuve, marge.

DUPUIS, GOLE ET PFEIFFER

201 — *Largillière* (Nicolas de), d'après Geulain, — *Lavallière* (Mme de), en carmélite, — *Lavater*. Trois portraits in-fol. Très belles épreuves.

DYCK (par et d'après ANT.)

202 — *Momper*, — H. *Gentileschi*, — Fr. *Franck*, — Petrus *Breugel*. — Quatre portraits in-fol. Belles épreuves.

203 — *Gusman* (Ph. de), — *Crayer* (Gaspard de), — *Callot* (Jacques), — *Urfé* (Honoré d'), — *Voerst* (Robert van), — *Vorsterman* (Lucas), — *Médicis* (Marie de). Sept portraits in-fol. Très belles épreuves.

EDELINCK (G.)

204 — *Bussy-Rabutin* (Roger, comte de), d'après Lefebvre. (R. D., 162). Très belle épreuve.

205 — *Champagne* (Philippe de), d'après lui-même (R. D., 164). Belle épreuve.

206 — Claude de *Sainte-Marthe*, — Evariste *Gherardi*, — Jean *Herauld*. Trois portraits in-8. Belles épreuves.

207 — *Descartes* (René), d'après Fr. Hals). (R. D., 181). Belle épreuve.

208 — *Desjardins*, sculpteur, d'après Rigaud. (R. D., 182). Très belle épreuve avant l'adresse.

209 — *Fléchier* (Esprit), d'après H. Rigaud (R. D., 205). Belle épreuve.

210 — *Goltzius* (Henri). (R. D., 216). Très belle épreuve.

211 — *Hozier* (Charles d'), d'après Rigaud. Très belle épreuve, marge.

EDELINCK (G.)

212 — *La Fontaine* (Jean de), de l'Académie française, d'après Rigaud (R. D., 230). Superbe épreuve, toutes marges.

213 — *Le Tellier* (Michel), chancelier de France (R. D., 244). Belle épreuve.

214 — *Le Tellier* (Ch. M.), archevêque de Reims, d'après P. Mignard (R. D., 245). Très belle épreuve.

215 — *Saint-Evremond* (Ch. de). (R. D., 306). Très belle épreuve.

216 — *Silvestre* (Israël), graveur, d'après Ch. Le Brun. (R. D., 319). Très belle épreuve.

217 — *Tortebat* (F.), peintre, d'après N. de Pile. (R. D., 328). Très belle épreuve.

EDELINCK ET SIMONNEAU

218 — *Mansart* (Jules-Hardouin). Deux portraits différents d'après Rigaud et De Troy. Belles épreuves.

EDELINCK, VAN SCHUPPEN, ETC.

219 — Personnages célèbres de l'époque *Louis XIV*, tirés des *Hommes illustres* de Perrault. Vingt pièces. Superbes épreuves, toutes marges.

ELLUIN

220 — *Laruette* (Monsieur et Madame). Deux portraits in-4, d'après Le Clerc, faisant pendants. Tres belles épreuves, marges.

ESNAULT ET RAPILLY (Chez)

221 — Personnages célèbres du dix-huitième siècle publiés chez Esnault et Rapilly et chez Bligny. Vingt-deux portraits in-8, en grande partie avant la lettre.

FALCK (J.)

222 — *Copernic* (N.). In-fol. Belle épreuve. Rare.

FATOU (A Paris, chez)

223 — *Le Brun* (Madame), d'après elle-même, in-4. Belle épreuve.

FERDINAND (S.)

224 — *Poussin* (N.), d'après V. E. In-fol. Très belle épreuve, marge.

225 — Le même portrait. Belle épreuve.

FESSARD (M.)

226 — *Le Clerc de Juigné* (Ant.-El.-Léon), d'après Nogaret. In-fol. Belle épreuve, marge.

227 — Triomphe de Rameau, d'après Durand. Très belle épreuve.

FIALETTI (O.)

228 — *Memus* (Marc-Ant.), Doge de Venise, in-4, en largeur. Belle épreuve.

FICQUET (Étienne).

229 — *Ariosto* (Lodovio), d'après Titien (F. 3). Belle épreuve avant toutes lettres.

230 — *Corneille* (Pierre), d'après Le Brun (34.), Belle épreuve.

231 — *Crébillon* (Prosper Jolyot de), d'après Aved (37). Très belle épreuve.

232 — *Descartes* (R.), d'après Fr. Hals, (39). Très belle épreuve.

233 — *De La Mothe Fénelon* (F.) d'après Vivien (58). Très belle épreuve.

234 — *La Fontaine* (Jean de), d'après Rigaud (61). Très belle épreuve, dite au ruisseau blanc.

235 — *La Mothe Le Vayer* (Fr. de), d'après R. Nanteuil. (84). Belle épreuve.

236 — *Maintenon* (François d'Aubigné, Marquise de), d'après Mignard. (93). Très belle épreuve.

237 — *Molière* (J. B. Poquelin de), d'après Coypel. (101). Très belle épreuve.

238 — *Montaigne* (Michel de), d'après Dumonstier. (102). Très belle épreuve.

239 — *Pufendorff* (Samuel). (120). Épreuve tirée hors texte.

240 — *Regnard* (J.). d'après Rigaud. (122). Belle épreuve.

FICQUET (Étienne)

241 — Le même portrait. Très belle épreuve, marge.

242 — *Rousseau* (J.-J.), d'après de La Tour. (132). Belle épreuve.

243 — Le même portrait. Belle épreuve.

244 — *Vadé* (Jean Joseph), d'après Richard (150). Très belle épreuve.

245 — Le même portrait. Très belle épreuve, marge.

246 — *Voltaire* (François Marie Arouet de), d'après de La Tour (162). Belle épreuve.

247 — *Leibnitz*, — Le cardinal d'*Ossat*, — N. *Bernier*, — *Fagon*, — J. B. *Silva*, — René *Pucelle*, — *Ch. Frédéric III*, roi de Prusse. Sept portraits in-8 et in-4. Belles épreuves.

FLIPART (J.-J.)

248 — *Greuze* (J. B.), d'après lui-même, in-4. Très belle épreuve, toute marge.

FOLO (J.)

249 — *Le Brun* (Mme Vigée), d'après Zofanelli, in-fol. Belle épreuve.

FORSTER, RAIMONDI, etc.

250 — *Reggio* (le duc de), — *Toschi* (Paolo), — *Nourrit* (Ad.), — *Verdi*. Quatre portraits, in-fol.

FORSTER, BEISSON, DEVEAUX, etc.

251 — *Frédéric Guillaume III*, — Louis Ier, roi de Bavière, — *Paisiello*, — Ch. *Garnier* architecte, — Raymond de *Sèze*, — *Chauveau-Lagarde*, — Pie IX. Sept portraits in-fol.

FROSNE (J.)

252 — *Broussel* (Pierre de), in-fol. Belle épreuve.

253 — *Motteville* (Nicolas Langlois, seigneur de), premier président de la chambre des Comptes de Rouen, in-fol. Belle épreuve.

FRYE (d'après)

254 — *Charlotte*, reine de la Grande-Bretagne, in-8, en manière noire. Très belle épreuve.

GAILLARD (R.)

255 — *Pichault de la Martinière*, d'après Latinville. In-fol., Très belle épreuve.

GAILLARD ET DE LONGUEIL

256 — *Grandjean* (Guillaume de), oculiste du Roi, d'après Deshayes, — *Fontanieu* (G. M. de), d'après Queverdo. Deux portraits in-fol. Belles épreuves.

GAILLARD (F.)

257 — L'homme à l'œillet, d'après Van Eyck. Epreuve avant lettre, sur chine.

258 — PIE IX, souverain Pontife. In-fol. Très belle épreuve sur chine.

GALLE (C.)

259 — *Dante*, d'après Stradan. In-fol. Belle épreuve.

GAUCHER (CH.-ÉT.)

260 — *Briquet* (Fortunée B.), d'après Melle de Noireterre (29), — *Buffon* (le comte de), d'après Drouais (31), premier état, avant la lettre. Deux portraits. Belles épreuves.

261 — *Cailhava* (Jean Fr.), d'après Pujos (32), — *Dupaty*, d'après Notté, — *Fénelon*, d'après Vivien (57 et 60) le numéro 60 est avant la lettre. Quatre portraits. Belles épreuves.

262 — *Fournier* (P. S.), d'après Bichu (63), — *Fréron* (E. C.), d'après Cochin (64), deuxième état. Deux portraits. Belles épreuves.

263 — *Graffigny* (Mme de). (69). Très belle épreuve avant la lettre.

264 — *Henri de Prusse* (le prince), d'après Cochin (78). — *Louis-Auguste*, Dauphin de France. (102). Deux portraits. Belles épreuves.

GAUCHER (Ch.-Et.)

265 — *Lafontaine* (J. de), — J. B. *Gail*, — *La Rochefoucauld*, — Fortunée B. *Briquet*, — Scévole de *Sainte Marthe*, — *Florian*, — *Saint Marc*, — *J.-J. Rousseau*, — *Cervantes*, — *Sicard*, — *Demoustier*, — *Henri* de Prusse. — *Duveyrier*, — *Gailhava*, — *Lantier*, — *Christian VII*, *Dupaty*, — Fanny *Beauharnais*, — le comte *d'Hartig*, etc. Vingt-deux portraits in-8 et in-4. Très belles épreuves.

266 — *Malesherbes*. (107), — *Metastasio*, d'après J. Steiner. (115), — *Newton* (Isaac), d'après Kneller (122). Trois portraits. Belles épreuves.

267 — *Saint-Marc* (Jean-Paul-André de), d'après Danloux (143), — *Vergennes* (le comte de), d'après Callet (151). Deux portraits. Belles épreuves.

GAUTIER (L.)

268 — *Amyot* (Jacques), in-4. Belle épreuve, marge.

269 — *Charron* (Pierre), — *Marie* de Médicis, — *Henri IV*, — Pierre de *Besse*, — N. de *Faber*, — Cardinal du *Perron*, — B. *d'Argentré*, — Vue de Paris. 1611. Neuf pièces in-8. Belles épreuves.

270 — *François de Sales*, Evesque et prince de Genève. In-8. Belle épreuve.

271 — *Louis XIII*, roy de France et de Navarre. In-8. Très belle épreuve, marge.

272 — Titre de : *Les Hieroglyphiques de Jean Pierre Valerian*. In-fol. Belle épreuve.

273 — Vue de Paris en 1601. Épreuve tirée hors texte.

GAUTIER

274 — *Dubois* (Antoine), d'après Boily, — *Dessault* (P.), d'après Kimly. Deux portraits in-4 en couleur. Très belles épreuves.

GHEYN (J. de)

275 — *Clusii* (Chris.-Ch.). In-4. Belle épreuve.

GRANTHOMME (J.)

276 — *Lorraine* (Charles, Cardinal de), non décrit. Belle épreuve. Rare.

GRIGNON

277 — *Courselle* (Marie de Neufville, Dame de). In-fol. Très belle épreuve, marge.

278 — *Harlay* (Charlotte de), in-fol. Belle épreuve, marge.

279 — *Vendosme* (César de), d'après Mignard. In-fol. Belle épreuve.

GRIGNON ET AUDINET

280 — *Charles VII*, roi de France, — *Charles-Philippe* de France, d'après Danloux. Deux portraits in-fol. Belles épreuves.

GRIGNON, LASNE, ETC.

281 — *Dunois* (Jean d'Orléans, comte de), — *Du Perron* (le Cardinal), etc. Trois portraits in-fol., dont deux avant la lettre.

HABERT

282 — *Molière* (J. B. Poquelin de). In-fol. Très belle épreuve.

HAID (J.-E.)

283 — *Rosalba-Carriera*, d'après Bergmuller. In-fol. en manière noire. Très belle épreuve, marge.

HENRIQUEL-DUPONT

284 — *Brongniart* (Alexandre), — *Brongniart* (A. T.), architecte, lithographie par Arnoult. Deux portraits in-fol.

285 — *Orléans* (Auguste-Marie-Jeanne de Baden-Baden, duchesse d'). In-4. Belle épreuve.

HENRIQUEL-DUPONT ET FLAMENG

286 — *Rachel*. Deux portraits différents, dont un d'après Lehmann. Belles épreuves.

HENRIQUEL-DUPONT ET BOURGEOIS DE LA RICHARDIÈRE

287 — *Ségur* (le lieutenant général comte Philippe de), — *Spontini*, d'après Vincent. Deux portraits in-fol

HENRIQUEZ ET SCHMUZER

288 — *Diderot* (D.), d'après Vanloo, — *Dietricy* (Chris. G. E.). d'après lui-même. Deux portraits in-fol. Belles épreuves.

HOLLAR (W.)

289 — *Wael* (Lucas et Corneille de), d'après Van Dyck. In-fol. Belle épreuve.

HOLLAR ET FORSTER

290 — *Durer* (Albert) Deux portraits différents in-fol. Belles épreuves.

HOUBRAKEN

291 — Le baron de *Bielfeld*, — Ch. *Chais*, — Lord G. *Anson*. Trois portraits, in 8 et in-4. Belles épreuves.

292 — *Musschenbrock* (Petrus van), d'après Quinkhard, in-fol. Belle épreuve.

HOUBRAKEN ET TROUVAIN

293 — *Houbraken* (Jacobus), d'après Quinkardt, — *Jouvenet* (Jean), d'après lui-même. Deux portraits in-fol. Belles épreuves.

HUBERT, LE BEAU, PREVOST ET INGOUF

294 — *Miromenil* (A. T. Hue, Marquis de). Quatre portraits différents, in-8 et in-4. Très belles épreuves.

HUOT (F.)

295 — *Court de Gibelin* (A.), d'après Pujos in-4. Très belle épreuve.

INGOUF

296 — *Flipart* (J.-J.). In-4. Très belle épreuve.

297 — J. de *Lalande*, de *Sartine*, — *Regnard*, — *Piron*, — *Houdart de la Mothe*, — Destouches, — F. de *Malherbe*, — Rotrou, — *Crébillon*. Onze portraits in-8. Belles épreuves.

298 — *Petit* (F.). docteur médecin, d'après De Lorme. In-fol. Belle épreuve.

299 — *Wille* (J. G.), d'après Wille fils, in-4. Très belle épreuve, marge.

IODE (P. DE)

300 — *Charles Ier* roi d'Angleterre, — *Henriette* de France, reine d'Angleterre. Deux portraits in-fol. faisant pendants d'après Van Dyck. Très belles épreuves.

IODE (P. DE)

301 — *Puteanus* (C.-E.), d'après Van' Dyck. In-fol. Belle épreuve avec l'adresse de Martin Vanden Enden.

JOSI ET BITTHEUSER

302 — *Kosciusko* (Th.), d'après Grossi, — *Kotzebue* (Aug. von), d'après Tischbein. Deux portraits in-fol. Belles épreuves.

JANINET (F.)

303 — Mlle *Colombe* l'aînée, de la Comédie Italienne, in-8 en couleur. Belle épreuve.

304 — *Crillon*, d'après Le Barbier. In-fol. en coulnur. Belle épreuve avant la lettre.

305 — *Favart* (Mme), rôle de Roxelane, in-8 en couleur. Très belle épreuve.

306 — *St.-Huberti* (Mme), d'après Le Moine. In-8 en couleur. Belle épreuve.

JEAURAT (ÉD.)

307 — *Vleughels* (Nic.), peintre, d'après Pesne. In-fol. Belle épreuve, marge.

JEAURAT, DAULLÉ ET LASNE

308 — *Puget* (Pierre), — *Puységur* (Jacques-François de Chastenet de), maréchal de France, d'après Tournière, — *Quesnel* (François). Trois portraits, in-fol. Belles épreuves.

KLAUBER (J.-S.)

309 — *Allegrain* (Christian-Gabriel), d'après Duplessis. In-fol. Très belle épreuve avant la dédicace, marge.

310 — Personnages de la Révolution. Huit portraits, in-4. Belles épreuves, avec marge.

LANCRET (d'après N.)

311 — *Grandval*, par J.-Ph. Le Bas. Très belle épreuve.

LANDRY (P.)

312 — *Brunyer* (Abel), médecin. In-fol. Belle épreuve.

313 — *Louis XIV* et *Marie-Thérèse*. Deux portraits, in-8, faisant pendants. Très belles épreuves.

LANGLOIS (P.-G.)

314 — *Fontenelle*, d'après Voiriot. In-fol. Très belle épreuve avant la lettre, marge.

315 — *Joly* (Marie-Élizabeth). In-4. Belle épreuve.

LARMESSIN (N. DE)

316 — Personnages célèbres du règne de Louis XIV. Treize portraits, in-4. Belles épreuves.

317 — *Vaudemont* (Charles-Henri de Lorraine, prince de), d'après Ranc. In-fol. Belle épreuve.

LASNE (M.)

318 — *Metezeau* (Clément), inventeur de la digue de la Rochelle. In-fol. Très belle épreuve.

LASNE ET NOLIN

319 — *Mesmes* (Henri de), — *Menestrier* (P.-Ch.-Fr.), de la Société de Jésus. In-fol. Belles épreuves.

LASNE ET SOMPEL

320 — *Niceron* (F.). In-fol., — *Orléans* (Marguerite de Lorraine, femme de Gaston d'), d'après Van Dyck. In-fol. Très belles épreuves.

LASNE, MELLAN ET HOUBRAKEN

321 — *Seguier* (Petrus). Deux portraits différents, — *Schonberg* (le duc de). Trois portraits, in-fol. Belles épreuves.

LAUGIER ET PANNIER

322 — *Rubens*, d'après lui-même, — *Dow* (Gérard), d'après lui-même. Deux portraits. In-4. Belles épreuves avant la lettre, sur chine.

LE BEAU

323 — *Artois* (Marie-Thérèse, comtesse d'), d'après *Ferdink*. In-4. Très belle épreuve.

324 — *Condé* (le prince de). In-4. Épreuve avant le numéro. Toutes marges.

LE BEAU

325 — *Du Gazon* (Madame), de la Comédie italienne. In-8. Très belle épreuve avant le numéro. Marge.

326 — *Élisabeth-Philippe-Marie-Hélène* de France, d'après Fontaine. In-8. Très belle épreove, marge.

327 — *Gilbert*, poète. In-8. Epreuve avant la lettre, marge.

328 — *Maillard* (Mlle), de l'Académie royale de musique. In-8. Très belle épreuve avant le numéro. Marge.

329 — *Molière* (J.-B. Poquelin de), in-8, dans une bordure d'ornements. Très belle épreuve, marge.

330 — *Pompadour* (la marquise de), d'après Queverdo. In-4. Belle épreuve avant le numéro.

331 — *Raucour* (Mlle), de la Comédie-Française. In-8. Très belle épreuve avant le numéro, marge.

332 — *Sully* (le duc de), d'après Marillier. In-8. Belle épreuve avant le numéro.

333 — *Warens* (Louise de), d'après Batoni. In-8. Belle épreuve, marge.

LE BEAU ET DUPIN

334 — *Penthièvre* (Louis-Jean-Marie de Bourbon, duc de). Deux portraits différents. In-8. Très belles épreuves avant les numéros.

LE BEAU ET HUBERT

335 — *Provence* (Marie-Jeanne-Louise de Savoie, comtesse de), Deux portraits. In-4. Belles épreuves, avec marges.

LE CLERC ET ROMANET

336 — *Raucourt* (Madame), de la Comédie-Française, — *Préville* (Pierre-Louis Dubus de). Deux portraits. In-fol. Belles épreuves, avec marges.

LEFÈVRE, PANNIER, LAUGIER ET H. DUPONT

337 — *Louis-Philippe*, — La Reine *Marie-Amélie*, — La duchesse d'*Orléans*, — Le duc de *Nemours*, — La princesse Marie d'*Orléans*. Cinq portraits in-fol., dont trois avant la lettre.

LE GRAND (P.-F.)

338 — *Eprémenil* (Jacques Duval d'), d'après Bernard. In-4. Belle épreuve,

339 — *Mesmer* (A.), d'après Pujos. In-4, avec marge, — Sujet satyrique sur Mesmer. Deux pièces. Belles épreuves.

LEMIRE (N.)

340 — Le Gâteau des Rois, d'après Moreau. In-fol. Belle épreuve.

341 — *Joseph II*, empereur d'Autriche. In-12. Très belle épreuve, toute marge.

342 — *Laure* et *Pétrarque.* Deux portraits in-8, faisant pendants. Très belles épreuves avant la lettre, marges.

343 — *Laure* et *Pétrarque*, — *Louis XVI*, — *Frédéric II*, roi de Prusse. Cinq portraits. In-8, Belles épreuves.

344 — *Louis XVI*, roi de France. Deux portraits différents. In-8 et in-4, d'après Duplessis. Belles épreuves.

LEMIRE, DE MARCENAY, DE LAUNAY ET NAUDET

345 — Jeanne *d'Arc*. Quatre portraits différents, dont un double. Cinq pièces. Très belles épreuves.

LEMPEREUR (L.)

346 — *Jeaurat* (Etienne), d'après Roslin. In-fol. Belle épreuve, marge.

347 — *Soufflot* (F.), architecte, d'après Trinquesse. In-4. Belle épreuve, marge.

LÉPICIÉ

348 — *Boullongne* (Louis de), d'après Rigaud. In-fol. belle épreuve.

349 — *Capperonnier* (Claude), d'après Aved. In-fol. Belle épreuve.

350 — *Watteau* (Antoine), d'après lui-même. In-8. Belle épreuve, avec marge.

LEROUX

351 — *Catinat*, maréchal de France, d'après Largillière, in-8. Deux épreuves, dont une avant la lettre.

LEROY

352 — *Batiste* cadet, d'après Cœuré, in-fol, en couleur. Belle épreuve.

LE SUEUR (L.)

353 — Vue de la chapelle du Connétable de Montmorency, en couleur. Belle épreuve.

LEU (Th. de)

354 — *Argentré* (Bertr. d') (R. D. 300). Superbe épreuve.

355 — *Expilly* (Claude), président au parlement de Grenoble (R. D. 360). Très belle épreuve du premier état, avec les vers dans la marge du bas.

356 — *Fauchet* (Claude), historien. (R. D. 369). Bonne épreuve.

357 — *Laval* (Antoine de), littérateur. (R. D., 431). Très belle épreuve. Rare.

358 — *Strozzi* (Ph.), colonel général de l'infanterie. (R. D. 491). Très belle épreuve.

LEVACHEZ

359 — *Alexandre Ier*, empereur de Russie, d'après Miekov, in-8, en couleur. Très belle épreuve.

360 — *Bonaparte*, premier consul, in-8, en couleur. Très belle épreuve, marge.

361 — *Kléber*, in-8, en couleur. Très belle épreuve, marge.

362 — *Marat* (Jean-Paul), représenté en buste, couronné de roses, in-8, en bistre. Belle épreuve.

363 — *Marie-Louise*, impératrice, in-8, en couleur. Très belle épreuve, marge.

364 — *Moreau* (Victor), général en chef de l'armée du Rhin, in-8, en couleur. Très belle épreuve, marge.

365 — *Petion* (Jérôme), d'après Laplace, in-4, en couleur. Très belle épreuve, marge.

366 — Le comte de *Provence*, — le comte d'*Artois*, — et le prince de *Condé* représentés sur une même feuille in-8 en couleur. Rare.

LEVY ET FLEISCHMANN

367 — *Rembrandt*, d'après lui-même. Deux portraits différents, dont un avant la lettre.

LEVY ET PANNIER

368 — *Edelinck* (G.), d'après Rigaud, — *Flaxman*, d'après Jackson. Deux portraits in-4. Épreuves avant la lettre, sur chine.

LIGNON (F.) ET AUGRAND

369 — *Talma*. Deux portraits différents d'après Picot et Muneret, un est avant la lettre, sur chine.

LIGNON ET LAUGIER

370 — *Mars* (Mlle), — *Staël* (Mme de). Deux portraits, in-fol, d'après Gérard.

LIGNON (F.) ET VANGELISTI

371 — *Richelieu* (le duc de), d'après Lawrence et Saint-Germain. Deux portraits, in-fol et in-4, un est double avant la lettre. Trois pièces.

LINGÉE (C.-L.)

372 — *Colardeau* (Charles-Pierre), d'après Trinquesse. In-4 en bistre. Très belle épreuve, marge.

373 — *Rancour* (Mlle), de la Comédie française. In-4. Belle épreuve.

374 — *Le Tourneur* (P.-P.-F.), d'après Pujos. In-4. Deux épreuves, dont une avant la lettre.

LINGÉE (Mme)

375 — *Villette* (la marquise de), d'après Pujos. In-4. Très belle épreuve, marge.

LIPSE

376 — *Necker* (Mme). In-8. Belle épreuve, marge.

LITTRET (C.-A.)

377 — *Clairon* (Mlle). In-8. Très belle épreuve avant le numéro, marge.

LITTRET (C.-A).

378 — *Favart*, auteur dramatique, d'après Liotard. In-8. Deux épreuves, dont une avant la lettre.

379 — *Lekain* (Henri-Louis). In-fol. Belle épreuve, marge.

380 — *Louis*, dauphin de France, — *Marie-Josèphe de Saxe*, dauphine de France. Deux portraits, in-4, faisant pendants. Très belles épreuves.

LIVENS (J.)

381 — *Heinsius* (Daniel). In fol. Belle épreuve.

LOMBARD (P.)

382 — *Delafond* (N.), le Gazetier de Hollande, d'après Gascard. In-fol. Très belle épreuve.

LUBIN (J.)

383 — *Humieres* (le mareschal de), d'après Ferdinand. In-fol. Très belle épreuve.

LUBIN et **VAN SCHUPPEN**

384 — Portraits tirés des *Hommes illustres* de Perrault. Six portraits, in-fol. Belles épreuves.

MALEUVRE (P.)

385 — *Alembert* (J. d'), d'après Pujos. In-fol. Très belle épreuve.

MARADAN

386 — *Favart*, auteur dramatique. In-8. Belle épreuve.

MARILLIER (d'après)

387 — *De La Borde* (J.-B.), *La Tour-Chatillon-Zurlauben* (D.-F. Ant. baron de), représentés en regard sur une même feuille en forme de frise, gravé par Née. Très belle épreuve, marge.

388 — Sapho, — En-tête pour le *Parnasse des Dames*. Trois pièces gravées par N. Delaunay et Ponce.

MAROT (J.)

389 — Églises et couvents de Paris. Dix-neuf pièces. Très belles épreuves.

MARTINET

390 — *Daran* (J.), chirurgien du roi. In-8. Belle épreuve.

MARTINET ET H. DUPONT

391 — *Pasquier* (le duc de), d'après Horace Vernet, — *Pastoret* (le marquis de), d'après Delaroche. Deux portraits, in-fol. Avant la lettre, sur chine.

MASQUELIER (L.-J.)

392 — Pythagore. Tête de page pour le même livre. Épreuve tirée hors texte, marge.

393 — *Rameau*, tête de page pour l'*Essai sur la musique* de La Borde. Épreuve à l'état d'eau-forte.

MASSARD (J.)

394 — *Gravelot* (Hubert), d'après La Tour. In-4. Belle épreuve, marge.

MASSON

395 — M. et Mme Emile de *Girardin*, — Victor *Cousin*, — *Rossini*, — *Ingres*, — Horace *Vernet*. Six portraits, in-4. Belles épreuves.

MASSON (ANT.)

396 — *Ormesson* (Olivier Lefèvre d') (R. D., 58). Très belle épreuve.

MECHEL (CHR. DE)

397 — *Balma* (Jacques), dit le Mont blanc, — *Pacard* (Michel-Gabriel). Deux portraits in-4, gravés au trait. Belles épreuves.

398 — *Euler* (L.). In-8. Deux épreuves dont une avant toutes lettres, avec marge.

399 — Gasp. *Lavater*, Félix Hess und Heinrich Fuessli, chez Spalding à Barth, dans la Pommeranie suédoise en 1763. In-fol, en largeur. Très belle épreuve. Rare.

MECOU

400 — *Duchesnois* (Mlle), d'après Genty. In-8. Belle épreuve.

401 — *Dugazon* (Mme), d'après Isabey. In-4. Très belle épreuve avant la lettre, toute marge.

402 — *Leverd* (Mlle), d'après Isabey. In-4. Épreuve avant la lettre, sur Chine.

MECOU ET WEISS

403 — *Orléans* (Louise-Marie-Adélaïde de Bourbon Penthièvre, duchesse d'), d'après Dumeray, — *Marie-Thérèse-Charlotte*, fille de Louis XVI. Deux portraits, in-4. Belles épreuves.

MEERLEN (TH. VAN)

404 — *Halincourt* (Charles de Villeroy, seigneur d'), — *Halincourt* (Jacqueline de Harlay, dame d'). Deux portraits, in-fol. faisant pendants. Belles épreuves.

405 — *Sancy* (Marie Moreau, dame de), — *Harlay* (Achille de), premier président au Parlement de Paris. Deux portraits in-fol. Belles épreuves.

406 — *Villeroy* (Magdeleine de Créquy, duchesse de), in-fol. Belle épreuve, marge.

MELINI (CH.)

407 — *Charles-Emmanuel III* (de Savoye), in-fol. Très belle épreuve.

MELLAN, GRIGNON, COSSIN, ETC.

408 — *Condren* (Ch. de). — *Cœur* (Jacques). — *Condé* (le prince de). — *Conrart* (Valentin). Quatre portraits in-fol. Belles épreuves.

MELLAN (GL.)

409 — *Orléans* (L. d'), d'après J. Le Grain. In-fol. Belle épreuve.

410 — *Seguier* (P.). — *Longueil* (J. de). — *Philaras* (L.). — *Perrier* (L.), etc. Sept portraits in-4. Belles épreuves.

MEUNIER, PRIEUR, ETC.

411 — Estampes tirées des *Tableaux de la Révolution*. Quatorze pièces. Plusieurs sont avant la lettre.

MICHEL (J.-B.)

412 — *Preville* (Pierre-Louis-Dubus), comédien, in-fol. Très belle épreuve.

MIGER (S.-C.)

413 — *Gluck* (Christophe), d'après Duplessis, in-fol. Belle épreuve.

414 — *Hubert-Robert*, peintre, d'après Isabey, in-fol. Belle épreuve, marge.

415 — *Nivelle de la Chaussée* (Pierre-Claude), d'après La Roche, in-fol. Belle épreuve.

416 — Nonnotte (D.), d'après lui-même, in-4. Belle épreuve, marge.

417 — *Vien* (Joseph), d'après Mme Guiard. In-fol. Très belle épreuve.

MIGER ET DE LONGUEIL

418 — *Fontanieu* (Pierre-Elizabeth de), intendant et contrôleur général des meubles de la couronne, d'après Cochin, — *Fontanieu* (Gaspard-Moyse de), conseiller d'État, d'après Queverdo. Deux portraits in-4. Très belles épreuves.

MIXELLE

419 — *Arné* (Joseph), d'après Beauvais. In-4 en couleur. Belle épreuve.

420 — *Molé* (François-René), in-8 en couleur. Belle épreuve.

MOITTE (P.-E.)

421 — *Aranda* (le comte d'), d'après Meon. In-fol. Deux épreuves, dont une ayant toutes lettres, marges.

422 — *Restout* (Jean), d'après de la Tour. In-fol. Belle épreuve.

MOITTE ET SURUGUE

423 — *Duhamel* (Louis), d'après Drouais. — *Fremin* (René), d'après de la Tour. Deux portraits in-fol. Belles épreuves, marges.

MOND'HARE (A Paris, chez)

424 — *Bertinazzi* (Carlin), — *Colombe* (Mlle), — *Julien* (Mme). Trois portraits in-4, en couleur. Très belles épreuves, grandes marges.

425 — *Bertinazzi* (Carlin), in-4 en couleur. Très belle épreuve, marge.

MORRET (J.-B.)

426 — *Napoléon Ier*, Empereur des Français, d'après Garneray. In-fol. en couleur. Belle épreuve.

MONET (d'après C.)

427 — Ouverture des États généraux à Versailles, le 5 mai 1789, par Helman. Epreuve du premier État avec les armes du roi. Belle épreuve.

MONSALDY

428 — *Dugazon* (Mme), d'après Isabey. In-4 en couleur. Très belle épreuve, marge.

429 — *Isabey* (B.), peintre, d'après Singry. In-8. Belle épreuve, marge.

430 — *Joséphine* (l'Impératrice), d'après Isabey. In-4 en couleur. Superbe épreuve, marge.

MONSALDY ET MECOU

431 — *Marie-Louise.* Deux portraits différents d'après Isabey, dont un en couleur. Très belles épreuves.

MONTCORNET

432 — Personnages célèbres du règne de Louis XIV. Vingt-six portraits in-8. Très belles épreuves.

MOREAU (J.-M.)

433 — *De La Borde* (J.-B.), d'après Denon. In-4. Très belle épreuve.

434 — *Grétry* (A.-E.-M), in-4. Belle épreuve.

435 — *Pineau* (D.), sculpteur, d'après Merelle. In-8. Très belle épreuve, marge.

436 — *La Vrillière* (Louis-Philipeaux, duc de), d'après Hall. In-8. Très belle épreuve.

MOREAU (d'après J.-M.)

437 — *Guillotin* (J.-I.), par B.-L. Prevost. In-8. Très belle épreuve, marge.

438 — Scène des Trois sultanes, gravé par Guyot. Rare épreuve à l'état d'eau-forte, toute marge.

MOREAU (d'après J.-M.)

439 — *Vernet* (Joseph), par Cathelin. In-4. Très belle épreuve, marge.

MOREAU ET DESRAIS (d'après)

440 — Frontispice du *Métastase*, — Marie-Antoinette secourant les pauvres, et frontispices où est représentée Marie-Antoinette. Cinq pièces, in-8 et in-4. Belles épreuves.

MOREAU ET FREUDEBERG (d'après)

441 — *Raucourt* (Mme), par C.-L. Lingée. In-fol. Très belle épreuve, marge.

MORGHEN (Raphael)

442 — *Boccaccio* (Giovanni), d'après Gozzini. In-fol. Epreuve avant la lettre (lettres tracées).

MORIN (J.)

443 — *Talon* (Omer), d'après Ph. de Champagne (R.-D., 74). Très belle épreuve, marge.

444 — *Thou* (Jacques-Aug. de), d'après Ferdinand (R.-D., 79). Très belle épreuve.

445 — *Thou* (Christophe de), président au Parlement (R.-D., 78). Très belle épreuve.

446 — *Thou* (Messire Augustin de), d'après Champagne. (R.-D., 77). Superbe épreuve, marge.

447 — *Vitré* (Antoine), imprimeur, d'après Champagne. (R.-D., 88). Superbe épreuve.

MORRET (J.-B.)

448 — *Napoléon Ier*, Empereur des Français, d'après Garneray. In-fol. en couleur. Belle épreuve.

MULLER (J.-G.)

449 — *Galloche* (Louis), d'après L. Tocqué. In-fol. Belle épreuve,

450 — *Wille* (J.-G.), d'après Greuze. In-fol. Belle épreuve.

NANTEUIL (R.)

451 — *Anne d'Autriche*, reine de France, d'après Mignard (R. D., 22). Très belle épreuve du troisième état.

452 — *Beaufort* (Fr. de Vendôme, duc de), le Roi des Halles, d'après Nocret (R. D., 33). Très belle épreuve.

453 — *Boileau* (Gilles), greffier de la Grand'Chambre du Parlement de Paris (R. D., 43). Superbe épreuve du deuxième état.

454 — *Castelnau* (Jacques, marquis de, maréchal de France). In-fol. (R. D., 58). Très belle épreuve, marge.

455 — *Chapelain* (J.), poète (R. D., 60). Belle épreuve.

456 — *Chapelain*, — *Ménage*, — H. *de Lionne*, — P. *Dupuy*, *Sarrasin*. Cinq portraits in-8 et in-4. Belles épreuves.

457 — *Créquy* (Fr. de Bonne de), duc de Lesdiguières (R. D., 81). Très belle épreuve.

458 — *Christine*, reine de Suède, d'après S. Bourdon (R. D., 67). Belle épreuve.

459 — *Dupuy* (Pierre) (R. D., 88). Belle épreuve.

460 — *Dupuy* (les frères Pierre et Jacques) (R. D., 89). Belle épreuve du premier état.

461 — *Espernon* (Bernard de Foix de la Valette, duc d') (R. D., 91). Très belle épreuve du deuxième état, marge.

462 — *Estrées* (César d'), cardinal (R. D., 92). Très belle épreuve.

463 — *Gonzague* (Marie-Louise de), reine de Pologne (R. D., 164). Belle épreuve.

464 — *Guénégaud* (H. de), d'après Ph. de Champagne (R. D., 106). Belle épreuve du premier état.

465 — *Le Tellier* (Michel), chancelier de France (R. D., 131). Belle épreuve.

466 — *Loménie de Brienne* (Henri-Aug.) (R. D., 148). Belle épreuve.

467 — *Longueville* (Henri d'Orléans, duc de), d'après Champagne (R. D., 149). Très belle épreuve.

468 — *Loret* (Jean), poète (R. D., 150). Très belle épreuve.

NANTEUIL (R.)

469 — *Marolles* (Michel de) (R. D., 171). Belle épreuve du premier état.

470 — *Matignon* (Léonor Goyon de), évêque de Lisieux (R. D., 172). Très belle épreuve du premier état.

471 — *Menage* (Gilles) (R. D., 188). Belle épreuve du premier état.

472 — *Mesmes* (Jean-Antoine de) (R. D., 192). Épreuve du premier état.

473 — *Mesmes* (Jean-Antoine de), président à mortier au Parlement de Paris (R. D., 192). Bonne épreuve du deuxième état.

474 — *Molé* (Édouard), président à mortier au Parlement de Paris (R. D., 193). Très belle épreuve.

475 — *Neufville* (Ferd. de), évêque de Chartres, d'après Ph. de Champagne (R. D., 203). Très belle épreuve du premier état.

476 — *Novion* (Nicolas Potier de) (R. D., 206). Belle épreuve.

477 — *Seguier de Saint-Brisson* (Pierre), prévôt de Paris (R. D., 224). — *Scudéry* (Georges de), de l'Académie-Française (R. D., 221). Premier état. Deux pièces. Très belles épreuves.

478 — *Sève* (Alex. de), prévôt des marchands (R. D., 182). Très belle épreuve.

479 — *Talon* (Denis), magistrat (R. D., 228). Très belle épreuve.

480 — *Voiture* (V.), d'après Champagne (R. D., 234). Belle épreuve.

481 — La *Vrillière* (Louis-Phelypeaux de) (R. D., 123). Très belle épreuve, marge.

NATTIER (d'après J.-M.)

482 — La Force (Mme de Châteauroux), par Baléchou. Superbe épreuve avant l'adresse de Surugue.

NATTIER (d'après J.-M.)

483 — Madame *Louise-Elisabeth de France, duchesse de Parme* (la Terre). — Madame *Adélaïde de France* (l'Air). — Madame Marie-Louise-Thérèse-Victoire de France (l'Eau), — Madame Marie-Henriette de France (le Feu). Quatre pièces gravées par Baléchou, J. Beauvarlet, R. Gaillard et J. Tardieu. Très belles épreuves.

NAUDET

484 — La femme de J.-J. Rousseau, représentée debout dans un paysage. In-4. Très belle épreuve; marge.

NÉE

485 — Mariage de Mgr le duc de Bourgogne avec Adélaïde de Savoye. Deux épreuves, dont une à l'état d'eau-forte.

NICOLLET (B.-A.)

486 — *Favart*, auteur dramatique. In-12. Belle épreuve.

NILSOON

487 — Portraits de princes étrangers, dans des entourages d'ornements. Huit pièces in-4. Belles épreuves.

ODIEUVRE

488 — Portraits de la suite d'Odieuvre, intitulée : *l'Europe illustre*. Soixante-dix-huit pièces in-8. Très belles épreuves, avec l'adresse d'Odieuvre.

PANNIER

489 — *Champagne* (Philippe de), d'après lui-même. In-4. Épreuve avant la lettre, sur chine.

490 — *Thiers*, — *Van Dyck*, — *Velasquez*. Trois portraits in-4, avant la lettre.

PERELLE ET AVELINE

491 — Vues de Paris et de France. Quarante-deux pièces.

PESNE (J.)

492 — *Poussin* (N.), d'après lui-même. In-fol. (R. D., 6). Très belle épreuve du premier état.

PETIT (G.-E.)

493 — *Coignard* (J.-B.), d'après A. Pesne. In-fol. Belle épreuve.

494 — *Gesvres* (J.-Fr.-Bernard Potier, duc de), — *Maurepas* (Jean-Frédéric Phelypeaux, comte de). Deux portraits in-fol. en pied, faisant pendants, d'après L.-M. Vanloo. Très belles épreuves.

495 — Vertumne et Pomone, d'après Dulin. Belle épreuve.

PETIT ET **ROGER**

496 — *Grignan* (la comtesse de). Deux portraits différents, in-8, dont un avant la lettre. Très belles épreuves.

PICART ET **Mlle CROISIER**

497 — *Orléans* (Philippe d'), régent, — *Orléans* (Louis-Philippe. Deux portraits in-fol. Belles épreuves.

PITAU (N.)

498 — *Péréfixe de Beaumont* (H.), archevêque de Paris. In-fol. Belle épreuve.

499 — *Priolo* (Benjamin), historien, d'après G. Le Fèvre. In-4. Épreuve avant la lettre.

500 — *Priolo* (B.), historien, d'après Le Febvre. In-4. Superbe épreuve avant la lettre, plus une épreuve avec la lettre. Deux pièces.

PITAU ET **PERSYN**

501 — *Calmet* (Dom Auguste), d'après Fontaine, — *Arioste*, d'après Titien. Deux portraits in-4. Belles épreuves.

PLEYTER ET **BOVA**

502 — *Cosway* (Maria), — *Cosway* (R.). Deux portraits in-4 faisant pendants. Très belles épreuves.

POILLY (F.)

503 — *Bossuet* (Jacques-Bénigne), d'après P. Mignard. In-fol. Très belle épreuve.

POILLY (F.) ET **CHEVILLET**

504 — *Le Moyne* (P.), d'après Champagne, — *Le Noir*, lieutenant de police, d'après Greuze. Deux portraits in-fol. Très belles épreuves.

POLLET

505 — *Musset* (Alfred), d'après Landelle. In-4. Epreuve avant la lettre, sur chine.

PONTIUS (P.)

506 — *Miraeus* (Aubert), d'après Van Dyck. In-fol. Epreuve avec les lettres G. H.

507 — *Pontius* (Paul), d'après Van Dyck. Très belle épreuve avec les lettres G. H., marge.

508 — *Segers* (Daniel), d'après Lyvens. In-fol. Belle épreuve.

509 — *Vos* (Simon de), d'après Van Dyck. Belle épreuve avec les lettres G. H.

PONTIUS ET **DANCKERTS**

510 — *Wladislas Sigismond*, roi de Pologne, — *Vinnius* (Arnoldus), d'après Bordieu. Deux portraits in-fol. Belles épreuves.

PORREAU (J.)

511 — Portraits publiés par Vignères. Cinquante-huit pièces in-8, dont plusieurs avant la lettre.

PRUD'HON (d'après P.-P.)

512 — *Prud'hon* (P.-P.), par Prud'hon fils, superbe épreuve avant toutes lettres.

QUEVERDO

513 — *Florian* (J.-P. de), in-4. Très belle épreuve avant les noms d'artistes, marge.

514 — *Rousseau* (J.-J.), In-4. Très belle épreuve, marge.

515 — Vues du château de Ferney à M. de Voltaire, côté du couchant et côté du levant, — Vues des délices de M. de Voltaire, près Genève. Trois pièces d'après Siguy. Très belles épreuves.

QUEVERDO (d'après)

516 — *Jeanne d'Arc*, par Delattre. In-8. Très belle épreuve, marge.

RAGOT, RIVALZ, SIMONNEAU ET SUYDERHOEF

517 *Réaumur* (René-Ant. Ferchault de), — *Richelieu* (le cardinal de), — *Rivalz* (J.-P.), — *Rivet* (Andréas). Quatre portraits in-fol. Belles épreuves.

REGNAULT

518 — *Meissonnier*, d'après lui-même. Epreuve avant la lettre, sur chine.

REGNESSON (N.)

519 — *Mazarin* (Jules, Cardinal). In-fol. Belle épreuve.

RIBAULT

520 — *Marie-Louise*. In-fol. Epreuve avant la lettre.

RODERMONT

521 — Jean Second, poète. In-4. Belle épreuve.

ROGER (B.)

522 — *Duclos*, — *Buffon*, — *Daubenton*, — *Rollin*, — J. *Delille*, etc. Six portraits in-8. Belles épreuves.

ROMANET (A.)

523 — *Conti* (Louis-François de Bourbon, prince de), d'après Le Tellier. In-fol. Belle épreuve.

524 — *Elisabeth-Philippe-Marie-Hélène* de France, sœur de Louis XVI, d'après Fontaine. In-8. Superbe épreuve, marge.

525 — Le même personnage. Gravé par Schiavonetti. In-4. Belle épreuve.

526 — *Vence de Saint-Vincent* (dame Julie de Villeneuve), petite-fille de Mme de Sévigné. In-4. Très belle épreuve.

ROMAMET ET WILLE

527 — *Beaumont* (Christophe de), d'après Duhamel, — *Belidor* (Bernard), d'après L. Vigée. Deux portraits in-fol. Belles épreuves.

ROULLET (J.-L.)

528 — *Beringhen* (Henri, marquis de), d'après Mignard. In-fol. Belle épreuve.

ROUSSEAUX (J.)

529 — *Sévigné* (la marquise de), d'après Nanteuil. In-fol. Superbe épreuve avant la lettre, sur chine.

RUOTTE

530 — *Lamballe* (Marie Th. Louise de Savoye-Carignan, princesse de), d'après Danloux. In-4. Très belle épreuve, marge.

531 — *Louise*, reine de Prusse, d'après Dahling. In-8. Belle épreuve, marge.

RUOTTE ET MÉNAGEOT

532 — *Franklin* (B.), — *Bartolozzi* (F.). Deux portraits in-8 en couleur. Belles épreuves.

SADELER (G.)

533 — *Vos* (Martin de), d'après Heinz. In-fol. Belle épreuve.

SAINT-AUBIN (Aug. de)

534 — *Amelot* (A.-J.), secrétaire d'Etat. Très belle épreuve, marge.

535 — *Amelot* (Antoine-Jean), — *Condorcet* (le marquis de), d'après Lemort, — *Diderot*, d'après Greuze. Trois portraits in-4. Belles épreuves.

536 — *Bignon* (J.-F.), Bibliothécaire du roi. In-4. Très belle épreuve, marge.

537 — *Bourguignon d'Anville* (J.-H. de), — *Lalande* (Jérôme de), — *Valenciennes* (P.-H. de), — *Molé* (François-René), etc., cinq portraits in-4 et in-8. Très belles épreuves.

538 — *Condorcet* (le marquis de), d'après Lemort. In-4. Très rare épreuve à l'état d'eau-forte, plus une épreuve avec la lettre. Deux pièces.

539 — *Crébillon fils* (J. de), d'après Gastinel. In-8. Très belle épreuve, marge.

SAINT-AUBIN (Aug. de)

540 — *Daubenton* (L.-J.-M.), d'après Sauvage. In-8. Rare épreuve avant la lettre, marge.

541 — *Gluck*. In 8. Très rare épreuve avec la lettre, plus une épreuve avec la lettre. Deux pièces avec marges.

542 — *Le Kain*, d'après Le Noir. In-fol. Très belle épreuve, marge.

543 — *Linguet* (Ch.), d'après Vincent. In-8. Rare épreuve avant les noms des artistes.

544 — *Louis XII*, *Henri IV* et *Louis XVI*, d'après Sauvage. In-8. Très belle épreuve, marge.

545 — *Madame*, fille du roi, d'après Sauvage. In-8. Belle épreuve avant la lettre, marges.

546 — *Madame*, fille de Louis XVI, — Ch. *Le Brun*, — *Crébillon*, — Th. *Corneille*, — *Bosquillon*, — J.-J. *Rousseau*, — Cardinal de *Bernis*, — *Condorcet*, — *Rameau*, — *Barthélemy*, — *Linguet*, — *Gessner*, — P. *Jeliotte*, — *Lully*, — Ch. *Monet*, — *Pierre* le Grand, — *Voltaire*, etc. Vingt-sept portraits in-8 et in-4. Belles épreuves, plusieurs sont avant la lettre.

547 — *Perronet* (J.-R.), d'après Cochin. In-fol. — *Molé* (François-René), d'après Aubry. In-4. Deux portraits. Belles épreuves.

548 — *Piron* (Alexis). In-8. Très rare épreuve avant la lettre, plus une épreuve avec la lettre. Deux pièces.

549 — *Rousseau* (J.-J.), d'après de la Tour. In-4. Très belle épreuve, marge.

550 — Voltaire, Fréron et Labaumelle, frontispice du Commentaire sur la *Henriade*. Très belle épreuve marge.

SAINT-JEAN (J.-D. de)

551 — Le duc du *Maine*, — Le prince de *Conty*, — Le duc de *Bourbon*, représentés en costumes de Chevaliers des ordres du Roi, — Dame de la plus haute qualité. Quatre pièces. Très belles épreuves, marges.

SAVART (P.)

552 — *Alembert* (Jean le Rond d'), d'après Mlle Lusurier, — *Bayle* (Pierre) (2). Deux portraits. Belles épreuves.

553 — *Bernis* (le cardinal de), d'après Callet (3), — *Bossuet* (J.-B.), d'après Rigaud (6), deuxième état. Deux portraits. Belles épreuves.

554 — *Boileau-Despréaux* (Nicolas), d'après Rigaud. (4). Belle épreuve du premier état.

555 — *Buffon* (le comte de), d'après Drouais (9), — *Catinat* (Nicolas de) (10), — *Colbert* (J.-B.), d'après Champagne (14), deuxième état. Trois portraits. Belles épreuves.

556 — *Catinat*, *Bossuet* et d'*Alembert*. Trois portraits in-8. Très belles épreuves.

557 — *Fénelon*, d'après Vivien (18). Epreuve du premier état.

558 — *La Bruyère* (Jean de), d'après de Saint-Jean. Deux portraits différents (F., 7 et 8). Belles épreuves.

559 — *Louis XVI*, roi de France et de Navarre (24). Epreuve du premier état

560 — *Montesquieu* (Ch. Secondat de) (28), — *Racine* (Jean), d'après Santerre (30), — *Richelieu* (le cardinal de), d'après Champagne (31), — *Torquato Tasso* (34). Quatre portraits. Belles épreuves.

SCHENK (L.)

561 — *Law* (Jean). In-fol. en pied. Belle épreuve.

SCHENKER (N.)

562 — *Moreau* (le général), à cheval, d'après Vernet. In-fol. Belle épreuve avant la lettre.

SCHMIDT (G.-F.)

563 — *Bernouilli* (J.), d'après Ruber. In-fol. Belle épreuve, marge.

564 — *Frédéric III*, roi de Prusse. In-4. Belle épreuve, marge.

SCHMIDT (G.-F.)

565 — *Frédéric III*, roi de Prusse, — J. *Law*, — *Anne* d'Autriche, — Adr. *Lecouvreur*, — Ninon de *Lenclos*, etc. Six portraits, in-8 et in-4. Très Belles épreuves.

566 — *Guyot Desfontaines*, — (P. Fr.), d'après Tocqué. In-8. Très belle épreuve.

567 — *La Mettrie* (De). In-4. Belle épreuve.

568 — *Mignard* (Pierre), d'après Rigaud. In-fol. Très belle épreuve.

569 — *Sévigné* (La marquise de), d'après Ferdinand. In-8. (J. 28), Superbe et rare épreuve du premier état, non décrit, avant toutes lettres, marge.

570 — *Rousseau* (J.-B.), d'après Aved. In-4. Belle épreuve.

SCHUPPEN (P. VAN)

571 — *Arnauld* (la mère Marie-Angélique), d'après Champagne. In-fol. Très belle épreuve, marge.

572 — *Bori*, d'après Ovens. In-fol. Belle épreuve.

573 — *Deshoulières* (Mme), d'après Mlle Cheron. In-8. Très belle épreuve.

574 — *Harlay de Chanvallon*, archevêque de Paris. In-fol. Très belle épreuve,

575 — *Louis XIV*, roy de France, d'après Le Febvre. In-8. Très belle épreuve.

576 — *Louis XIV*, roi de France, d'après Mignard. In-fol. Très belle épreuve.

577 — *Pithou* (François et Pierre). Deux portraits. In-fol. Très belles épreuves, marges.

578 — *La Reynie* (G.-Nic. de), d'après P. Mignard. In-fol. Très belle épreuve.

SERGENT-MARCEAU

579 — *Canova*, d'après Appiani. In-fol. en couleur. Très belle épreuve avant la lettre.

SEUPEL (J.-A.)

580 — *Chamilly* (Noël Bouton, marquis de). In-fol. Belle épreuve,

SYLVESTRE (ISRAEL)

581 — Vues de France. Soixante-quinze pièces. Très belles épreuves.

582 — Vues de Paris. Quarante-deux pièces. Très belles épreuves.

583 — Vues d'Italie. Seize pièces. Belles épreuves.

SMITH (J.)

584 — *Le Nostre* (André), d'après Carle Maratte. In-fol. en manière noire. Belle épreuve.

585 — *Wilkes* (John). In-fol. en pied. Belle épreuve.

STRANGE (ROBERT)

586 — *Sanzio* (Raphaël), d'après lui-même. In-fol. Belle épreuve.

SURUGUE ET **DE LARMESSIN**

587 — *Guillain* (Simon), d'après Coypel, — *Hallé* (Claude), d'après Le Gros. Deux portraits in-fol. Belles épreuves.

SURUGUE ET **SUYDERHOEF**

588 — *Christophe* (Joseph), d'après Drouais, — *Coceius* (J.), d'après de Vos. Deux portraits in-fol. Belles épreuves.

SUYDERHOEF (J.)

589 — *Christine*, reine de Suède. In-fol. Très belle épreuve.

590 — *Maestertius* (Jacques), d'après N. van Negre. (W. 51). Belle épreuve.

SUYDERHOEF ET **SOMPEL**

591 — *Nassau* (Maurice de), — *Nassau* (Henri, comte de). Deux portraits in-fol. Belles épreuves.

TARDIEU (J.-N.)

592 — *Boullongne* (Bon de), d'après lui-même. In-fol. Belle épreuve, marge.

593 — *Oudry* (J.-B.), d'après Largillière. In-fol. Belle épreuve.

TARDIEU (N.)

594 — *Coypel* (Charles-Ant.), d'après lui-même. In-fol. Très belle épreuve, avant la lettre.

595 — *Lorrain* (Robert le). In-fol. Belle épreuve, marge.

TARDIEU (AL.)

596 — De *La Pérouse*, — *Stanislas-Auguste*, roi de Pologne, — *Turgot*. Trois portraits in-8 et in-4. Belles épreuves.

597 — *Louise*, reine de Prusse, d'après Mme Lé Brun. In-4. Belle épreuve.

598 — *Vitet* (L.), médecin, né à Lyon, d'après Henequin. In-8. Belle épreuve, marge.

TARDIEU ET VAN MEERLEN

599 — *Harlay* (Marie-Anne de), abbesse de l'Abbaye-au-Bois, — *Harlay* (Nicolas de), — *Harlay* (N. de), âgé de vingt-quatre ans. Trois portraits in-fol. Belles épreuves.

TARDIEU, VALPERGA ET DE LORRAINE

600 — *Arondel* (le comte d'), d'après Van Dyck, — *Arnaud* (François), d'après Duplessis, — *Aubert* (l'abbé), d'après Aubert. Trois portraits in-fol. et in-4. Le premier est avant la lettre.

TASSAERT

601 — *Corday* (Marie-Anne-Charlotte), d'après Hauer. In-fol. Belle épreuve.

602 — *Lavoisier*, d'après de La Tour. In-4. Très belle épreuve avant la lettre.

603 — Le même personnage, in-4. Deux épreuves, dont une avant toutes lettres, marges.

604 — Ex libris de la bibliothèque de M. Lavoisier, par de La Gardette.

TASSAERT ET CHODOWIECKI

605 — Portrait et sujets relatifs à Frédéric II, roi de Prusse. Trois pièces. Belles épreuves.

THOMAS (N.)

606 — *Milly* (Nicolas-Christierne de Thy, comte de), d'après J. Notte, in-fol. Rare épreuve avant la lettre, plus une épreuve avec la lettre. Deux pièces.

THOMASSIN ET B. AUDRAN

607 — *Thierry* (Jean), d'après Largillière, — *Vischer* (C. de), d'après lui-même. Deux portraits in-fol. Belles épreuves.

TOSCHI ET LAUGIER

608 — *Decazes* (le duc de), — *Orléans* (la duchesse d'). Deux portraits in-fol., d'après Gérard. Très belles épreuves avant la lettre.

TOURCATY

609 — *Marat* à la tribune, d'après Simon Petit, in-fol. Belle épreuve, marge.

TURNER (Ch.)

610 — *Angoulême* (Marie-Thérèse-Charlotte de France, duchesse d'), d'après Huet-Villiers, in-fol. Belle épreuve, marge.

611 — *Louis XVIII*, roi de France, d'après Huet-Villiers, in-fol. Belle épreuve, marge.

VANGELISTY

612 — *Conty* (Armand de Bourbon, prince de), — *Conty* (Anne-Marie Martinozzi, princesse de). Deux portraits in-8, faisant pendants. Très belles épreuves.

613 — *Du Couedic.* In-fol. Belle épreuve, marge.

VANGELISTY ET DUPIN

614 — *Bourbon* (L.-H.-J. de Bourbon Condé, duc de), — *Bourbon* (Louise-B.-Th. d'Orléans, duchesse de). Deux portraits in-4, faisant pendants. Très belles épreuves.

VANGELISTY ET AUTRES

615 — Portraits tirés de la *Galerie française*. Douze pièces, grand in-4. Très belles épreuves.

VÉRITÉ

616 — *Marie-Antoinette*, reine de France, in-8 en couleur. Belle épreuve, marge.

VIGNON

617 — *Jeanne d'Arc*, en pied tenant un drapeau, in-fol. Belle épreuve.

VINSAC

618 — *Mably* (Gabriel Bonnot de), d'après Pujos, — *Target* (G. J.-B.), d'après Pujos, — *Frédéric-Henri-Louis* de Prusse. Trois portraits in-4. Belles épreuves, marges.

VŒRST (R. Van)

619 — *Penbroke* (Ph.-H.), d'après Van Dyck, in-fol. Belle épreuve, marge.

VORSTERMAN (Lucas)

620 — *Bourbon* (Charles, connétable de), d'après Le Titien, in-fol. Belle épreuve.

621 — *De Vos* (Corneille), d'après Van Dyck. Belle épreuve avec l'adresse de Martin Vanden Enden.

622 — *Howard* (Thomas). d'après Van Dyck. Belle épreuve.

623 — Hubertus *Vanden Eynden*, d'après Van Dyck, in-fol. Belle épreuve avec l'adresse de Martin Vanden Enden.

624 — *Morus* (Th.), d'après Holbein, in-fol. Très belle épreuve, marge.

VOYEZ

625 — *Marie-Antoinette*, reine de France, d'après Vanloo, in-8. Belle épreuve, marge.

WATTEAU (d'après Ant.)

626 — *Rebel* (J.-B.), par Moyreau, in-fol. Belle épreuve, marge.

627 — Watteau et Monsieur de Julienne, jouant du violoncelle, par Tardieu. Superbe épreuve, marge.

WATTEAU (d'après L.)

628 — Lantara dans son galetas, écoutant chanter des oiseaux, in-4. Épreuve avant toutes lettres.

WATELET (d'après)

629 — *Lecomte* (Marguerite), par L. Lempereur, in-4. Superbe épreuve, marge.

630 — Le même portrait. Très belle épreuve avant le nom du personnage sur la bordure.

WATELET (H.)

631 — *Lecomte* (Marguerite), tenant un chien dans ses bras, in-8. Très belle épreuve.

632 — *Lecomte* (Marguerite), d'après Cochin, in-8. Rare épreuve avant la lettre.

WEBER (F.)

633 — *Canova*, d'après Gérard. Belle épreuve avant la lettre, chine.

WEDGWOOD (J.-F.)

634 — *Byron* (lord), d'après B. West. Trois épreuves d'états différents, avant la lettre.

WIÉRIX (H.)

635 — *Aquaviva* (Cl.), de la Société de Jésus. Très belle épreuve.

636 — *Stradan* (Jean), peintre (A. 2029). Superbe épreuve.

WILLE (J.-G.)

637 — B. *Belidor*, — F. *Chicoyneau*, — Cl. N. *Le Cat*, — F. *Quesnay*. Quatre portraits in-8 et in-4. Belles épreuves.

638 — *Briseux* (C. E.), architecte, in-fol. Belle épreuve, marge.

639 — *Marie-Thérèse*, dauphine de France, d'après Klein, — *Marie-Josèphe* de Saxe, dauphine de France. Deux portraits in-4. Belles épreuves.

640 — *Marie-Thérèse* d'Espagne, dauphine de France, — *Louis*, dauphin de France. Deux portraits in-4 faisant pendants, d'après Klein. Très belles épreuves, marges.

641 — *Marigny* (Abel-François Poisson, marquis de), d'après Tocqué, in-fol. Très belle épreuve.

642 — *Massé* (J.-B.), d'après Tocqué, in-fol. Très belle épreuve, marge.

WILLE (J.-G.)

643 — *Prevost* (Ant.-Fr.), aumônier du prince de Conti, d'après Cochin, in-8. Très belle épreuve.

644 — *Saint-Florentin* (Louis Phelypeaux, comte de), d'après Tocqué, in-fol. Très belle épreuve.

645 — *Singlin* (Antoine de), d'après Champagne, in-fol. Belle épreuve.

WRENK ET **BOUGEOIS DE LA RICHARDIÈRE**

646 — *Gall* (le docteur F.-J.). Deux portraits différents. Belles épreuves.

PORTRAITS EN LOTS

CLASSÉS PAR LETTRES ALPHABÉTIQUES

647 — Abailard, — Abatucci, — Louis Abelly, — Edmond About, — la duchesse d'Abrantès, — Adam Billaut, — Ad. Adam, — Mme Adélaïde, — Joseph Addison, — Gaëtana Agnesi, — d'Aguesseau, — duchesse d'Aiguillon, — Mlle Aïssé, — le cardinal Albanus, — le duc d'Albe, — Ferdinandus Alvarès, — cardinal Alberoni, — Henri d'Albret, — Alciati, etc., etc. Trente-neuf portraits in-8 et in-4. Belles épreuves.

648 — Les papes Alexandre VI et Alexandre VII. — Alexandre Ier, empereur de Russie, — Alexis Petrowitz, — V. Alfieri, — Al. Algarde, — Ali-Pacha, — Et. d'Aligre, — Fr. d'Aligre, — Ant. Allegri, — Amati, — le cardinal d'Amboise, — Ampère, — J. Amyot, — André del Sarte, — d'André, — Andreossy, — Andrieux, — Ch. d'Angennes, — duchesse d'Angoulême, — le duc d'Angoulême, etc., etc. Quarante et une pièces in-8 et in-4. Belles épreuves.

649 — Le prince d'Anhalt, — le duc d'Anjou, — Anne de Bretagne, — Anne d'Autriche, — Anne, reine d'Angleterre, — Anna-Maria d'Autriche, reine d'Espagne, — Arago, — comte d'Aremberg, — L. Aretin, — P. Aretino, — d'Ar-

genson, — Arias Montano, — L. Ariosto, — marquis d'Arlande, — vicomte d'Arlincourt, etc., etc. Trente-cinq portraits in-8 et in-4. Belles épreuves.

650 — Antiquité (portraits de personnages célèbres de l'). Cent-six pièces.

651 — Antiquité (portraits de personnages célèbres de l') Cent quarante-cinq pièces. Très belles épreuves.

652 — Portraits de la famille Arnaud et vue de Port-Royal, — Sophie Arnould, — le chevalier d'Assas, — Astruc, — Auber, — Ch. de l'Aubespine, — Dreux d'Aubray, — Gérard Audran, — B. Audran, — Auger, — Augereau, — Émile Augier, — Antoine d'Aumont, — la duchesse d'Aumont, — le chevalier d'Aydie, — Frédéric-Auguste III, roi de Pologne, etc., etc. Quarante-quatre portraits in-8 et in 4. Belles épreuves.

653 — Babeuf, — J. Backer, — Fr. Bacon, — J.-Ant. de Baïf, — Baillet, — J.-S. Bailly, — Ballanche, — Jean Balue, — de Balzac, — H. de Balzac, — Bandinelli, — sir J. Banks, — Baptiste aîné, — Barbaroux, — J.-B. Barbé, — Barbé-Marbois, — cardinal Barberin, — A.-A. Barbier, — Barrère, — Marianne Barilli, etc. Cinquante portraits in-8 et in-4. Belles épreuves.

654 — Barnave, — Olden Barneveldt, — F. Baroche, — Michel Baron, — Joseph Bara, — Barras, — Jean Bart. — Barthélemy, — F. Bartolozzi, — Barye, — F. de Bassompierre, — Gaspard Bauher, — Bayard, — Bayle, — Bazire, — le duc de Beaufort, etc., etc. Quarante-deux portraits in-8 et in-4. Belles épreuves.

655 — Le marquis de Beauharnais, — Al. Beauharnais, — Fanny Beauharnais, — le prince Eugène, — N. Beaujeon, — J. de Beaumanoir, — Beaumarchais, — Briois Beaumetz, — Élie de Beaumont, — D. Beccafumi, — D. Beck, — Béclard, — J. duc de Bedeford, — Beethoven, — C. Béga, — Belidor, — Al.-S. Belle, — Rémy Belleau, — Roger de Bellegarde, — maréchal de Belle-Isle, — Bellini, — P.-L. de Belloy, — P. Belon, — P. Bembo, —

cardinal Bentivoglio, etc. Cinquante-quatre portraits in-8 et in-4. Belles épreuves.

656 — J.-P. de Béranger, — B. Bergamo, — Berchoux, — N. Bergasse, — N. Berghem, — Hector Berlioz, — Bernadotte, — saint Bernard, — F. Berni, — Nicolas Bernier, — le chevalier Bernin, — le cardinal de Bernis, — J. Bernouilli, — les ducs de Berry, — Berryer, — Berthier, — le chevalier de Bertin, etc., etc. Cinquante portraits in-8 et in-4. Belles épreuves.

657 — H. Montan Berton, — Bertrand de Molleville, — général Bertrand, — maréchal de Berwick, — baron de Bezenval, — N. Bessières, — général Beurnonville, — Bichat, — Jérôme Bignon, — Billaud-Varennes, — N. Bion, — J.-B. Biot, — famille de Biron, — Bitaubé, — Black, — J.-P. Blanchard, — Mme Blanchard, etc., etc. Cinquante et un portraits in-8 et in-4. Belles épreuves.

658 — Éléazar Blazo, — N. de Blegny, — comtesse de Blessington, — Abr. Blœmaert, — Mlle de Blois, — Blücher, — J. Blumenbach, — J. Boccace, — H. Boernhave, — Boieldieu, — Boileau-Despréaux, — J. Boileau, — L. Boilly, — Boissy-d'Anglas, — le marquis de Bonchamps, — J. Bongars, — Bernard de Bonnard, — Ch. Bonnet, — P. de Bonzi, etc., etc. Quarante-deux portraits in-8 et in-4. Très belles épreuves.

659 — Bonaparte (portraits de la famille), — l'impératrice Joséphine, — Marie-Louise, — le duc de Reichtadt, — Napoléon III, — l'impératrice Eugénie, etc., etc. Soixante portraits, dont plusieurs avant la lettre.

660 — Bonaparte. Portraits et pièces historiques le représentant comme général, premier Consul et Empereur. Cinquante-six pièces in-8 et in-4. Très belles épreuves.

661 — Marie Bonneau, — Ch.-F. Brisseau, — Mirbel, — Mme de Mirbel, — M. de Mirevelt, — M. Molé, — Molière, Mme Molière, — L. Molina, — Claude Mollet, — comte Mollien, — Moncey, — Moncrif, — Mme de Mondonville, — Ch. Monet, — Monge, — le duc de Monmouth, — H. Monnier, — Monrose, — duc de Montagu, — Lady

Montagu, — Michel de Montaigne, etc., etc. Cinquante-trois portraits in-8 et in-4. Belles épreuves.

662 — Bordeu, — Paris Bordone, — César Borgia, — Fr. Borgia, — S. Bosboom, — Bosquillon, — Ch. Bosschaert, — comtesse de Bossu, — Bossuet, — Ch. Bossut, — Jean Both, — Fr. Boucher, — Boucherat, — le marquis de Boucicaut, — P.-L. Bardat, — marquis de Boufflers, — la marquise de Boufflers, — marquis de Bouillé, — duc de Bouillon, — J.-B. Bouilly, — Anne de Boulen, — Ant. de Bourbon, — Ch. de Bourbon, — Henri de Bourbon, — Bourdaloue, — Bouffé, — Boufflers, etc., etc. Cinquante-deux portraits in-8 et in-4. Belles épreuves.

663 — Le duc de Bourgogne, — duchesse de Bourgogne, — Antoinette Bourignon, — Boursault, — marquis de Bouthillier, — Bouvart, — Jacques Boyceau, — Robert Boyle, — Bradley, — Bramante, — L. Bramer, — Brantôme, — Bremontier, — Pierre Breughel, — Brillat-Savarin, — marquise de Brinvilliers, — comte de Brissac, — Brissot, famille de Broglie, — Mlles Brohan, etc., etc. Soixante et un portraits in-8 et in-4. Belles épreuves.

664 — P. de la Broue, — de Broussel, — Ed. Brown, — Broussais, — Adr. Brouwer, — Bruix, — Brune, — Brunet, — ducs de Brunswick, — L. de Buch, — Buchan, — duc de Buckingham, — comte de Buquoy, — Buffon, — maréchal Bugeaud, — Gilbert Burnet, — Ed. Burke, — Robert Burns, — Bussy-Rabutin, — Lord Byron et sa famille, etc. Soixante-six portraits in-8 et in-4. Belles épreuves.

665 — Cabanel, — Cabanis, — Cadoudal, — Caffarelli, — Cagliostro, — Caillié, — Joseph Caillot, — Calderon, — J. Callot, — Calonne, — Calvin, — Mlle Camargo, — Cambacérès, — W. Camden, — P.-J. Cambon, — Cambronne, — Mme Campan, — Campanella, — P. Campu, — Campistron, — André Campra, — J.-P. Camus, — M. Camus, — de Candaule, — Alonso Cano, Canova, etc. Quarante-sept portraits in-8 et in-4. Belles épreuves.

666 — P. de Caravage, — M.-A. de Caravage, — Carnot, —

Caroline, princesse de Galles, — Caroline, reine de Naples, — J. de Carondelet, — J. L.-Carra, — Annibal Carrache, — Armand Carel, — Carrier, — l'abbé Carron, — Général Carteaux, — Casimir, roi de Pologne, — Cassini, — B. de Castiglione, — Mme Catalini, — Cathelineau, — Catherine de Médicis, Cahterine de Bourbon, — Catherine II, impératrice de Russie, — Catherine de Portugal, etc., etc. Cinquante-cinq portraits in-8 et in-4. Belles épreuves.

667 — Catinat, — J. Catz, — Lefèvre de Caumartin, — Général de Cavaignac, — Cavour, — P. Cayeux, — comtesse de Caylus, — Comte de Caylus, — Cazalis, — Cazotte, — B. Cellini, — Maria Anna Cenci, — Cervantès, — Ant. de Chabannes, — Fr. Chabot, — Chalier, — Chamfort, — M. de Chamillart, — Ph. de Champagne, — Général Championnet, — Baronne de Chantal, etc. Cinquante-trois portraits in-8 et in-4. Belles épreuves.

668 — Guy le Chapelier, — Chapelle, — l'abbé Chappe, — Chaptal, — Charette, — Charles V, — Charles IV, dit le Bel, — Charles V, dit le Sage, — Rois et princes français du nom de Charles, etc. Quarante portraits in-8 et in-4. Belles épreuves.

670 — Charles de France, — Charles le Hardy, — Charles le Belliqueux, — Le duc de Bourgogne, — Charles III duc de Lorraine, — Charles Ier, roi d'Angleterre, — Charles II, — Charles-Quint, — Charles II, roi d'Espagne, — Don Carlos, — Charles III, roi d'Espagne, rois de Suède, — Princes de Savoie, — Charles, aéronaute, — Charlet, — Charlotte, reine d'Angleterre, etc., etc. Cinquante-neuf portraits in-8 et in-4. Belles épreuves.

671 — Chateaubriand, — Le Maréchal de Chateauregnault, — Mme de Chateauroux, — T. Chatterton, — Guy de Chauliac, — Chaulieu, — Duc de Chaulnes, — Chaumette, — Chenavard, — Chenier, — F. Chereau, — Chéron, — L. Chérubini, — F. de Chevert, — Cardinal de Cheverus, — M.-E. Chevreul, — Le duc de Chevreuse, — Chodowiecki, — Choffard, — le duc de Choiseul, etc. Soixante-deux portraits in-8 et in-4. Belles épreuves.

672 — Christine de France, — Christine, reine de Suède, — Cignari, — Cigoli, — Cimarosa, — Cinq-Mars, — Clairault, — Mlle Clairon, — Lord Clarendon, — J. Claude, — E. Claverie, — Les Papes Clément VII à Clément XIV, — De Clermont-Tonnerre, — J.-B. Cléry, — Anne de Clèves, — Clootz, — Janet-Clouet, — Henry Cochin, — J.-D. Cochin, — Coiny, Coixevox, etc. Soixante portraits in-8 et in-4. Très belles épreuves.

673 — Ch. P. Colardeau, — Famille de Colbert, — Coligny (famille de), — Colin d'Harleville, — Christ. Colomb, — Melle Colombe, — Vittoria Colonna, — Le Frère Côme, — Concini, — Abbé de Condillac, — Condorcet, etc. Cinquante-trois portraits in-8 et in-4.

674 — Prince et princesses de la famille de Condé et de Conti. Cinquante et un portraits in-8. Belles épreuves.

675 — B. Constant, — Melle Contat, — J. Cook, — Cooper, — Copernic, — Gonzalès Coques, — Charlotte Corday, — Corelli, — Th. Cornhert, — Catarina Cornara, — Corneille (Pierre et Thomas), — Mme Cornuel, — Cornwalis, — Corot, — C. Cort, — Corvisart, — Adam de Coster, — M.-A. Corneille, etc. Cinquante-neuf portraits in-8 et in-4. Belles épreuves.

676 — L'abbé Coton, — Ph.-Em. de Coulanges, — Mme de Coulanges, — Gustave Courbet, — P.-L. Courier, — Victor Cousin, — N. Coustou, — G. Couton, — L. Cranach, — A. de Craponne, — Gaspard de Crayer, — Crébillon, — Maréchal de Créqui, — Crillon, — Cromwell — Custine, — Cuvier, etc., etc. Cinquante-cinq portraits in-8 et in-4. Belles épreuves.

677 — André Dacier, — Mme Dacier, — Daguerre, — J. Daillé, — N. Daleyrac, — Damrémont, — C. Danckerts, — Dancourt, — Enrico Dandolo, — Mlle Dangeville, — Dante, — Danton, — Daru, — Daubenton, — Daumesnil, David, — Davoust, — Albouy-d'Azincourt, etc., etc. Quarante-trois portraits in-8 et in-4. Belles épreuves.

678 — Ch. de Brosses, — P.-L. Debucourt, — de Bure, — Decamps, — Comte Decazes, — de Crès, — l'Abbé

Deguerry, — Mlle Déjazet, — Delacroix, — P. Delaroche, — N. de Launay, — Le marquis de Launay, — Prise de la Bastille, — C. Delavigne, — J. Delille, — De Sales, — J.-L. de Lolme, — Démeunier, — Demoustier, — Denon, etc., etc. Quarante-neuf portraits in-8 et in-4. Belles épreuves.

679 — Desaix, — Désaugiers, — Descartes, — Cath. de Seine, — Alex. Desenne, — Desessarts, — Desfontaines, — Desforges, — Le baron Desgenettes, — Mme Deshoulières — Desjardins, — Desmarests, — Camille Desmoulins, — Le baron Desnoyers, — Philippe Desportes, — E.-J. Desrochers, — Destouches, — F. de Troy, — Deveria, — Diane de Poitiers, — Diderot, — D. Kenelme Digbi, etc. Soixante portraits in-8 et in-4. Belles épreuves.

680 — D. Dodart, — J. Domat, — M. de Dombasle, — Le Dominiquin, — J. Dominique, — Donizetti, — J. Dorat, — M. Dorat, — Andrea Doria, — Mme Dorval, — J. Doviat, — G. Dow, — Drake, — Drouet, — Drouot, — Dryden, — Mme Dubarry, — J. du Bellay, — cardinal Dubois, — Dubois-Grancé, — A. Dubois, chirurgien, — G. Duchange, — Mme Duchatelet, — Mlle Duchesnois, etc. Cinquante-sept portraits in-8 et in-4. Belles épreuves.

681 — Ducis, — Ch. Duclos, — Mlle Duclos, — Mme du Deffant, — Mme Dufrenoy, — Dufresny, — Dugazon, — Duguay-Trouin, — Du Guesclin, — J.-J. Du Guet, — Dulaure, — P.-L. Dulong, — Alex. Dumas, — Mlle Dumesnil, — F. Dumont, — Ch. Dumollin, — Dumouriez, — le comte de Dunois, — Dupanloup, — Dupaty, — Amiral Duperré, — Dupin, — Rosalie Duplant, — Dupleix, — Duplessis-Bertaux, etc. Soixante-cinq portraits, dont quelques-uns en couleur.

682 — P.-S. Dupont, — Pierre Dupont, — Duport-Dutertre, — L. Dupuy, — Dupuytren, — Abr. Duquesne, — Fr. Duquesnoy, — Durand de Mailane, — Les ducs de Duras, — Duroc, — Pierre Duryer, — J. Dusaulx, — Dusommerard, — Duseck, — Mlle Dutey, — Alex. Duval, — H.-M.-N. Duveyrier, — Van Dyck, etc., etc. Trente-sept portraits in-8 et in-4. Belles épreuves.

683 — G. Edelinck, — Edouard IV, V et VI, rois d'Angleterre, — Comte d'Egmond, — Ch. Eisen, — Elisabeth, d'Autriche, — El. de Bourbon, — Mme Elisabeth, sœur de Louis XVI, — Elisabeth, reine d'Angleterre, — Elisabeth, reine de Bohême, — le Père Elysée, — Elleviou, — le Général Eliot, — Ad. Elzheimer, etc. Trentre-trois portraits in-8 et in-4. Belles épreuves.

684 — Famille d'Epernon, — Mme d'Epinay, — S. Erard, — Erasme, — lord Erskine, — J. Van Es, — Espartero, — Esquirol, — Robert d'Evreux, — A. comte d'Essex, — le comte d'Estaing, — le Cardinal d'Este, — Gabrielle d'Estrée, — le Maréchal d'Estrée, — Robert Estienne, — la Duchesse d'Etampes, — L. Euler, — Al. Van Everdingen, — L.-A. Expilly, etc., etc. Cinquante portraits in-8 et in-4. Belles épreuves.

685 — Abr. de Fabert, — Fabre d'Eglantine, — Fabre, — Palaprat, — Fagon, — Th. Fairfax, — de Falbaire de Quingey, — Falconnet, — Al. Farnèse, — Cl. Fauchet, — Faujas de Saint-Fond, — J. Furst, — Favart (Mlle), — Favereau, — Fénelon, — Ferdinand III, empereur d'Autriche, etc., etc. Trente-neuf portraits in-8 et in-4. Belles épreuves.

686 — D. Juan de Ferreras, — le marquis de Ferrières, — F.-J. Fetis, — H. Fielding, — J. Fievée, — G. Filangieri, — le duc de Fitz-James, — Nic. Flamel, — H. Flandrin, — Fléchier, — Flesselles, — And. Fletcher, — Cl. Fleury, — Florian, — D. de Foë, — Gaston de Foix, — Fontanes, — Duchesse de Fontanges, — Fontenelle, etc. Cinquante-deux portraits in-8 et in-4. Belles épreuves.

687 — Mgr Frayssinous, — Frédéric, duc de Saxe, — Frédéric-Guillaume, électeur de Brandebourg, — Frédéric-Guillaume, roi de Prusse, — le grand Frédéric, — Frédéric-Guillaume III, roi de Prusse, — André Frémiot, — N. Freret, — Fréron, — Fresnel, — Freteau, — Froissard, — J. Fronteau, — René de Froullay, — Fualdès, — Robert Fulton, — Fumagalli, — Antoine Furetière, — G. Egon, landgrave de Furstemberg, etc. Trente-huit portraits in-8 et in-4. Belles épreuves.

688 — T. de Forbin Janson, — Cl. de Forbin, — le comte de Forbin, — Fr. Forster, — Fouché, — Foulon, — N. Fouquet, — Henri Fouquet, — Fouquier-Tainville, Fourcroy, — J. Fourier, — Général Foy, — Fracastoro, — H. Fragonard, — Francœur, — Saint François Xavier, — Saint François de Sales, — François Ier, — François II, — François II d'Autriche, — Franklin, etc., etc. Cinquante-neuf portraits in-8 et in-4. Belles épreuves.

689 — François Gacon, — J.-B. Gail, — Sophie Gail, — B. Gaillon, — Leonora Galigaï, — Galilée, — de la Gallissonnière, — Gall, — Ant. Galland, — Vasco de Gama, — G. de Gamaches, — Garat, — A.-J. Garnerin, — Robert Garnier, — J.-Ph. Garran, — D. Garrick, — P. Gassendi, — J. de Gassion, — H. Gates, — Et. Gaucher, — L'abbé Gautier, — Mlle Gaussin, — Th. Gautier, — Mme Gavaudan, — C.-F. Gelbert, — Mme de Genlis, — Le comte de Genlis, — Gensonné, etc. Cinquante-six portraits in-8 et in-4. Belles épreuves.

690 — Mme Geoffrin, — J.-L. Geoffroy, — Geoffroy Saint-Hilaire, — George Ier, — George II, — George III, rois d'Angleterre, — Le prince de Galles, — Mlle Georges, — Michel Gérard, — Le baron Gérard, — Balth. Gerbier, — Géricault, — Gerle, — Gessner, — G. Gevartius, — Ev. Gherardi, — Edward Gibbon, — J. Gigoux, — Gilbert, — F.-P. Gillet, — L. Gillet, — P.-L. Ginguené, — Giotta, — Girardet, — Mme de Girardin, — Emile de Girardin, etc. Cinquante et un portraits in-8 et in-4. Belles épreuves.

691 — R. Glower, — Gluck, — Gobel, — Ant. Godeau, — Godet-Desmarais, — Godoï, — Goëthe, — Gois, — Goldoni, — Goldsmith, — Goltzius, — Fr. de Gondy, — Princes et princesses de la famille de Gondy, — L.-H. de Gondrin, — Gonthier, — Famille de Gonzague, — J. Goujon, — Gounod. — Gourgaud, — Gouvion Saint-Cyr, — Léon Gozlan, — G. Gozzi, etc., etc. Soixante-huit portraits in-8 et in-4. Belles épreuves.

692 — Mme de Grafigny, — Famille de Grammont, — Ch. Grant, — Cardinal de Granvelle, — Granville, — Le comte

de Grasse, — Le Père Gratry, — H. Gravelot, — Jeanne Grey, — Grécourt, — N. Grune, — Grégoire XVI, — Gresset, — De Grétry, — J.-B. Greuze, — de Gribeauval, — Mme de Grignan, — Le baron Gremin, — Julia Grisi, etc. Cinquante portraits in-8 et in-4. Belles épreuves.

693 — L.-Aug. Grandelalieu, — Mme Le Gros, — Joseph Le Gros, — Leibnitz, — Comte de Leicester, — Ant. de Leiva, — Le Kain, — F. Lemaître, — J.-B. Lemoine, — Lenain de Tillemont, — Lenglet Dufresnoy, — Eus. Lenoble, — Lenoir, lieutenant de police, — André Le Nostre, — Le Pape Léon X, — L'abbé de l'Épée, — Le Pelletier Saint-Fargeau, etc., etc. Cinquante-neuf portraits in-8 et in-4. Belles épreuves.

694 — Elie Guadet, — La maréchale de Guebriant, — H. Guénégaud, — de la Guérinière, — Guibert, — The counstess Guiccioli, — Le Guide, — J.-P. Guignon, — Guillaumes, princes d'Orange, rois d'Angleterre et princes allemands, — L'abbé Guillon, — J.-L. Guillotin, — Mlle Guimard, — Mme de la Mothe-Guion, — Famille de Guise, — Guizot, — Gustave Wasa, — Gustave III, roi de Suède, etc., etc. Soixante-deux portraits in-8 et in-4. Belles épreuves.

695 — F. Halévy, — Ed. Hallei, — Haller, — F. Hals, — Ant. Hamilton, — J. Hamon, — Handel, — S. Hahnemann, — Comte d'Harcourt, — Comtesse d'Harcourt, — Nicolas et Achille de Harlay, — F. de Harlay, — Dom L. Mendez de Haro, — John Harrison, — W. Harwey, — Mme Haudebourt-Lescot, — Le comte d'Hauterive, — R.-J. Haüy, — Joseph Haydn, — J.-R. Hébert, — J.-B. Van Heil, — D. Van Heil, — H. Heinz, — Helvétius, — Le président Hénault, — Henri II, — Henri III et rois d'Angleterre, etc. Quatre-vingt-quatre portraits in-8 et in-4. Belles épreuves.

696 — Henri IV, roi de France. Portraits et sujets relatifs à sa vie. Trois pièces. Belles épreuves.

697 — René Hérault, — Hérault de Séchelles, — Jean Hermann, — Hérold, — W. Herschel, — P. Hevin, — Hoche,

— F. Hoffmann, — W. Hogarth, — baron d'Holloch, — Holbein, — Hondekœter, — Abr. Houdius, — H. Hondius, — Gérard Honthorst, — Hoogstraten, — Maréchal de la Motte Houdancourt, — Mme d'Houdetot, — Houel, — Victor Hugo, — de Humboldt, — David Hume, — marechal de Humières, — J. Hus, — J. Hunter, etc., etc. Cinquante-sept portraits. In-8 et in-4. Belles épreuves.

698 — Saint Ignace, — Ingres, — Innocent X, XI, XII, XIII, — T. de Iriate, — Isabeau de Bavière, — Sainte Isabelle, — Isabelle-Claire-Eugénie, — Isabelle de Bragance, — M. Isnard, etc. Vingt-deux portraits, in-4. Belles épreuves.

699 — S. J. Jablonowski, — And. Jackson, — H. Jacquard, — V. Jacquemond, — Jacques Ier, — Jacques II, — Jacques III, — J. Janin, — Jansénius, — marquis de Jaucourt, — Jehan de Meung, — Jean sans peur, — Jeanne d'Arc, — Jeanne d'Albret, — Jeanne la Folle, — Pierre Jeannin, — Ed. S. Jeaurat, — Jenner, — H. Jessé, etc. Cinquante-deux portraits, in-8 et in-4. Belles épreuves

700 — P. de Jode, — Et. Jodelle, — Les frères Johannot, — B. Johnson, — Joly de Fleury, — Jombert, — Général. Jomini, — Ignatio Jones, — Sir W. Jones, — J. Jordaens, — Jospeh II, empereur, — Joubert, — Jourdan, — le duc de Joyeuse, — Don Juan d'Autriche, — Le Clerc de Juigné, — Le pape Jules II, — Jules Romain, — Junot, — Bernard de Jussieu, — Juste Lipse, etc. Soixante-dix portraits, in-8 et in-4. Belles épreuves.

701 — W. Kalf, — Kant, — Karamsin, — Angelico Kauffman, — maréchal Kellermann, — Amiral Keppel, — Kergariou, — Kersaint, — M.-H. Klaproth, — Kléber, — Klopstock, — Kneller, — J. Knox, — N. Knupfer, — A. de Konigsmarck, — Ch.-Th. Korner, — P. de Kock, — Le prince Kourakin, — Kreutzer, — Julie Krudner, — W. Kirby, etc. Quarante-deux portraits, in-8 et in-4. Belles épreuves.

702 — Louise l'Abbé. — Labédoyère, — J.-Ant. de La Borde, — de La Bourdonnais, — J. de La Bruyère, — L'abbé de

Lacaille, — La Calprenède, — de Lacépède, — Le Père, Lachaise, — Caradeuc de La Chalotais, — Cureau de La Chambre, — de La Condamine, — Le Père Lacordaire, — De Lafarre, — G. de La Faye, — Mlle de Lafayette, — Le marquis de Lafayette, etc. Quarante-trois portraits, in-8 et in-4. Belles épreuves.

703 — J. de Lafontaine, — Duc de La Force, — Lagrange, — Lagrenée, — Laharpe, — Diego Lainez, — Gérard de Lairesse, — G. et J. de Lalande, — Lally-Tolendal, — J.-F. Lalouette, — Olivier de Lamarche, — de Lamarck, — de Lamartine, — Pichaut de Lamartinière, — La Princesse de Lamballe, etc. Cinquante-quatre portraits, in-8 et in-4. Très belles épreuves.

704 — Mme Lambert, — Le comte de Lambertye, — Lamennais, — Alex. Lameth, — Ch. de Lameth, — La Metherie, — Lamoignon, — Bern. de La Monnoye, — Lamoricière, Houdart de la Mothe, — G. de La Mothe-Piquet, — comtesse de Lamotte, — Lamouroux, — Lanfranc, — Languet de Gergy, — Lanjuinais, — Lannes, — Marquis de Lansdonne, — de Lapérouse, — Lapeyronie, — Laplace, — J. de La Quintinie, — N. de Largillière, etc. Soixante-quatre portraits, in-8 et in-4. Belles épreuves.

705 — Familles de Larochefoucauld, de Larochejaquelein, — général Lasalle, — Las Cases, — Michel Lasne, — Pierre Lassus, — Mme de la Suze, — La Tour d'Auvergne, — De La Tour, — Famille de La Trémoille, — de Latude, Maréchal de Lauriston, — Le duc de Lauzun, etc. Cinquante-cinq portraits, in-8 et in-4. Belles épreuves.

706 — Le comte de La Valette, — La comtesse de La Valette, La duchesse de Lavallière, — Le duc de La Vallière, — Lavater, — Mme A. de Lavigne, — Lavoisier, — L. Phelypeaux, duc de La Vrillière, — Law, — Mme Law, — Sir Th. Lawrence, — J.-L. Laya, — D. Lazzarini, — C. Le Beau, — Jean Le Beuf, — Ch. Le Brun, — Mme Vigée-Lebrun, — Le Brun, troisième consul, — Ant. Le Camus, — Lecat, — Lecourbe, — Adrienne Lecouvreur, — Fr. Lefort, etc. Soixante-seize portraits, in-8 et in-4. Très belles épreuves.

707 — Le Sage, — Marquis de Lascure, — Le duc de Lesdiguières, — Mlle de Lespinasse, — Eustache Le Sueur, — Marquis de l'Étanduere, — Michel Letellier, — Le Tourneur, — Mlle Levert, — N. Lewenberg, — Michel de L'Hospital et personnages de sa famille, — H. Lichtenstein, — Jean Lievens, — Le prince de Ligne, — J.-B. Robert Lindet, — Linguet, — Hugues de Lionne, — L. Lippi, Jean Lock, — Loiserolles, etc. Soixante-dix-huit portraits, in-8 et in-4. Belles épreuves.

708 — Le comte de Livourne, — Ant. Louis, — Louise de Savoye, — Mme Louise-Marie de France, — Louise, reine de Prusse, — J.-P. de Loutherbourg, — Marquis de Louvois, — W. de Lovendal, — Luckner, — Le duc du Lude, — Duchesse du Lude, — J.-B. Lully, — M. Luther, — Maréchal de Luxembourg, — Duc de Luynes, etc. Trente-huit portraits in-8 et in-4. Belles épreuves.

709 — Loménie de Brienne, — Famille de Longueville, — J. de Longueil, — Lope de Véga, — J. Loret, — Ducs de Lorraine, — P.-Ch. Lorry, — Rois de France, de Louis IX à Louis XIV, etc. Soixante-quinze portraits, in-8 et in-4. Très belles épreuves.

710 — Louis XVIII, — Louis XVII, — Louis XVI, portraits et sujets relatifs à sa mort, — Louis XVI et famille royale, etc. Soixante-quatorze pièces. In-8 et in-4. Très belles épreuves.

711 — Mabillon, — Mahbly, — Lord Macartney, — Macdonald, — Mackenzie, — Machiavel, — Maffeï, — L. Magalotti, — Maillebois, — B. de Maillet, — Mme de Mailly, — L. Maimbourg, — le duc du Maine, — la duchesse du Maine, — Mme de Maintenon, — J. Mairet, — Le général Maison, — Le marquis de Maisons, — Le comte de Maistre, — Malbranche, — Malesherbes, — J.-L.-M. de Maleteste, — Malfilâtre, — Malherbe, — Mme Malibran, — O.-P. Malouet, — Malte-Brun, — Marie-Anne Mancini, — Manin, etc., etc. Soixante et onze portraits in-8 et in-4. Belles épreuves.

712 — Mansart, — Le comte de Mansfeld, — Andrea Mantegna, — P. Manuel, — Alessandro Manzoni, — J.-P.

Marat, — P. de Marcassus, — Général Marceau, — Louis Marchand, — J.-B. Marduel, — G. Mareschal, — Marie de Bourgogne, — Marguerite de Valois, — Marguerite d'Autriche, — Marie de Médicis. — Marie-Thérèse, — Marie Leczinska, — Marie-Thérèse, dauphine, etc., etc. Soixante-quatre portraits in-8 et in-4. Belles épreuves.

21 713 — Marie-Antoinette, — Marie-Christine, archiduchesse d'Autriche, — Marie J. de Savoie, comtesse de Provence, — Marie-Louise, reine d'Espagne, — Marie Stuart, — Marie, reine d'Angleterre, — Marie d'Autriche, — Marie-Thérèse, impératrice, — Michel de Marillac, — L. de Marillac, — J.-B. Marini, — Marion de Lorme, — Marivaux, — Le duc de Marlborough, etc., etc. Cinquante-sept portraits in-8 et in-4. Belles épreuves. Mangin

9 50 714 — Marmontel, — Philippe de Marnix, — Cl. Marot, — Mlle Mars, — Marsollier, — Aimé Martin, — Henri Martin, — Mascaron, — Masséna, — Massillon, — J. Matham, — Matignon, — Cl. Maugis, — H. de Maupas, — G. de Maupeou, — R.-G.-Ch. de Maupeou, — Maupertuis, — Fr. Mauriceau, — L'abbé Maury, etc., etc. Cinquante-quatre portraits in-8 et in-4. Belles épreuves. Meyer

15 715 — Les empereurs Maximilien, — Le duc de Mayenne, — Mlle Meyer, — Mazarin, — Mazères, — Chr. de Méchel, — Cosme de Médicis, — Cardinal de Médicis, — Lorenzo de Médicis, — F. Méhul, — La Meilleraye, — Meissonier, — Melanchton, — Cl. Mellan, — N. Mesnager, — L. Ménard, — Mendelsohn, — de Menou, — Mercier, — L.-Sébastien Mercier, — Le duc de Mercœur, etc., etc. Soixante-douze portraits in-8 et in-4. Belles épreuves. id

11 716 — Marin Marsenne, — Méry, — H. de Mesmes, — Metastase, — Cl. Métézeau, — Prince de Metternich, — de la Metrie, — Meunier de Querlon, — Meyerbeer, — Jean Meyssens, — Mezeray, — Mezetin, — Michallon, — Michel-Ange, — Mieris, — S.-C. Miger, — Pierre Mignard, — Millevoye, — John Milton — Mirabeau, etc., etc. Soixante-deux portraits in-8 et in-4. Belles épreuves. Mangin

3 22 717 — Comte de Montalivet, — de Montauzier, — Duchesse de Boisgelin G. Meyer

de Montausier, — Duchesse de Montbazon, — de Moncade, — Mont-Calm, — Mme de Montespan, — Montesquieu, — Montesquiou-Fezensac, — Le Père Montfaucon, — Lés frères de Montgolfier, — Blaise de Montluc, — Le connétable de Montmorency, — Habert de Montmor, — Le duc de Montpensier, — Mlle de Montpensier, — Mathieu de Montreuil, — Montyon, etc. Soixante-six portraits in-4 et in-8. Belles épreuves.

718 — Ch. de Moor, — R. Moreau, — J.-M. Moreau, — Le général Moreau, — And. Morellet, — Lady Morgan, — R. Morghen, — Duplessy-Mornay, — Le maréchal Mortier, — Th. Morus, — Mme de Motteville, — Le maréchal de Mouchy, — Mounier, — Mouton-Duvernet, — Mozart, — Muller, — Murat, — Henri Murger, — Murillo, — Alfred de Musset, etc. Cinquante-trois portraits, dont plusieurs avant la lettre.

719 — R. Nanteuil, — Princes de la maison de Nassau, — G. Naudé, — Necker, — Nelson, — Duchesse de Nemours, — Gérard de Nerval, — de Nesmond, — G. Netscher, — Newton, — Le maréchal Ney, — L'empereur Nicolas, — P. Nicole, — Le duc de Nivernais, — Famille de Noailles, — J. Nocret, — Ch. Nodier, — Nogaret, — J.-A. Nollet, — Nourrit, — Vasco et Fernand Nunez, etc. Soixante-douze portraits in-8 et in-4. Belles épreuves.

720 — J.-F. Oberlin, — D. O'Connell, — Odry, — J. Olier, — Mlle d'Olisva, — L'abbé d'Olivet, — Comte d'Olivarès, — Olivier de Serres, — Mlle Olivier, — Comtesse d'Olonne, — Olympia Maidalchini, — Adam Van Oort, — Simon et Origet, — G. Orloff, — d'Ormesson, — Ph. Ory, — Le cardinal d'Ossat, — Overbeck, — Oxenstiern, etc., etc. Trente-deux portraits in-8 et in-4. Belles épreuves.

721 — Orléans (famille d'), depuis Louis d'Orléans, comte d'Angoulême, jusqu'à Louis-Philippe Ier. Soixante-quinze portraits in-8 et in-4, dont beaucoup sont avant la lettre.

722 — Pache, — F. Padanino, — Thomas Paine, — Jean Palaprat, — Charles Palissot, — Bernard Palissy, — Andrea Palladio, — Palma, — Pannard, — Le général

Paoli, — Mme Paradol, — Ambr. Paré, — J. Paris-Duverney, — Parodi, — Joseph Parrocel, — Cath. de Partenay, — Blaise Pascal, — Jean Passerat, — Mme Pasta, — Guido Patin, — Ch. Patin, etc. Cinquante-quatre portraits in-8 et in-4. Belles épreuves.

723 — Le pape Paul III, — Paul Ier, empereur de Russie, — Mlle Paulet, — Ad. Pauw, — Robert Pell, — G. Peignot, — Fabri de Peirex, — Pelisson, — B. Pelletier, — Duc de Penthièvre, — Percier, — Cardinal de Perefixe, — Casimir Périer, — Perlet, — F. Péron, — Perronneau, — Cl. et Ch. Perrault, — Perronet, — Mme Persiani, — Petion, — J.-L. Petit, — Ant. Petit, — Les frères Petitot, — Pétrarque, etc. Cinquante-huit portraits in-8 et in-4. Belles épreuves.

724 — P. Philipeaux, — Philibert-Delorme, — Philidor, — Philippe (rois et princes francais, rois d'Espagne et empereurs d'Allemagne du nom de), — de Pibrac, — Bernard Picart, — L.-B. Picard, — Piccini, — F.-M. Pichault, — Pichegru, — Les papes Pie V, VI, VII et IX, — Pierre le Grand, — Pierre second de Portugal, — J.-B. Pigalle, — Piis, — Pilatre de Rozier, — Roger de Piles, — Germain Pilon, etc. Soixante-dix-sept portraits in-8 et in-4. Très belles épreuves.

725 — Ph. Pinel, — N. Pinette, — Piron, — Pisani, — Pierre Pithou, — W. Pitt, — de Pixérecourt, — Chr. Plantin, — Comte Platoff, — Mlle Plessy, — J. Pleyel, — Ant. Pluche, — de Pluvinel, — Poinsinet, — Cardinal de Polignac, — Marco Polo, — Marquis de Pombal, — Mme de Pompadour, — Pomponne de Bellièvre, — J. Poniatowski, — L. de Pontis. — Pope, — Gr.-Al. Potemkin, etc. Soixante-huit portraits in-8 et in-4. Très belles épreuves.

726 — R.-J. Pothier, — Nicolas Potier, — P. Potter, — N. Poussin, — Comte Pozzo di Borgo, — Pradier, — J.-N. Pradon, — J.-F. Prault, — Préville, — L'abbé Prévost, — Proudhon, — Louis Proust, — René Pucelle, — Pufendorf, — P. Pujet, — Comte de Puységur, etc. Trente-six portraits in-8 et in-4. Belles épreuves.

727 — Quatremère de Quincy, — Erasme Quellinus, — J.-M. Querard, — B. Quesnay, — F. Quesnoy, — Pasquier-Quesnel, — Ph. Quinault, — Mlle Quinault, etc. Onze portraits in-8 et in-4.

728 — Rabaut de Saint-Etienne, — Rabelais, — Marquis de Racan, — Racine (J. et L.), — Raimondi, — J.-Ph. Rameau, — Comte de Rantzow, — Raphaël, — Ravaillac, — Ravenet. — Raynal, — de Réaumur, etc. Quarante-huit portraits in-8 et in-4. Belles épreuves.

729 — Mme Récamier, — F. Redi, — Redouté, — P.-S. Régis, — Regnard, — Regnauld, — N. Regnesson, — Mathurin Régnier, — D. Luis de Requesens, — Rembrandt, — Eusèbe Renaudet, — Le roi René, — J. Restout, — Le cardinal de Retz, — Revellière-Lépeaux, — J. Rewbel, — Le général Rey, — Sir J. Reynolds, — J. Ribera, — Mme Riccoboni, — Richardson, — P. Richelet, etc. Cinquante-huit portraits in-8 et in-4. Belles épreuves.

730 — Le cardinal de Richelieu, — La marquise de Richelieu, — Le maréchal de Richelieu, — Richepanse, — J.-P. Richter. — H. Rigaud, — Rigoley de Juvigny, — Riquet de Bonrepos, — Mme Ristori, — Fr. Rivard, — C. Roberjot, — Robespierre, — Robert de Bavière, — W. Robertson, — Comtesse de Rochester, — Comte de Rochester, — Lord Rodney. Quarante et un portraits in-8 et in-4. Belles épreuves.

731 — Portraits de la famille de Rohan, — Mme Roland, — Roland, — C. Rollin, — Romeinde Hooghe, — Ronsart, — Salvator Rosa, — Rosalba-Carriera, — Sœur Rosalie, — Rossi, — Rossini, — Rotrou, — Roucher, — Rouget de Lisle, — Grégoire de Roulhac, etc. Cinquante-cinq portraits in-4 et in-8. Belles épreuves.

732 — J.-B. Rousseau, — J.-J. Rousseau, portraits et vignettes, — Royer-Collard, — L'abbé Rozier, — Rubens, — Rubini, — Rude, — de Rulhière, — Prince Rupert, — W. Russel, — Amiral Ruiter, etc. Cinquante portraits in-8 et in-4. Belles épreuves.

733 — Corn. Sachtleven, — L. de Sacy, — Silvestre de

Sacy, — R. Sadeler, — Ægidius Sudeler, — H. Saftleven, B.-G. Sage, — J.-B. de Sainctot, — Aug. de Saint-Aubin, — Saint-Evremond, — Poullain de Sainte-Foy, — le chevalier de Saint-Georges, — le comte de Saint-Germain, — Saint-Just, — Albi de Saint-Non, — Bernardin de Saint-Pierre, — Saint-Simon, — Scévole de Sainte-Marthe, — Sainte Suzanne, etc., etc. Cinquante-deux portraits in-8 et in-4. Très belles épreuves.

734 — Ant. Salieri, — Constance de Salm, — Samson, — Sanadon, — George Sand, — Jules Sandeau, — J. Sannazar, — Santerre, — J.-B. Santeuil, — Fra Paolo Sarpi, — J. Sarrazin, — Patrick Sarsfield, — de Sartine, — Saugrain, — Saurin, — Saussure, — R. Savery, — Savonarola, — Henry de Savoye, — Eugène de Savoye, — Maréchal de Saxe, — Ary Scheffer, — Scherer, — Andréa Schiavone, etc., etc. Cinquante-six portraits in-8 et in-4. Belles épreuves.

735 — Schiller, — Ch. de Schomberg, — A.-M. Schurmann, Walter Scoott, — Scribe, — J.-M. Schmutzer, — de Scudéri, — Mlle de Scudéri, — le général Sébastiani, — M.-J. Sedaine, — Gérard Seghers, — Daniel Seghers, — Segrais, — P. Séguier, — A.-L. Séguier, — le comte de Ségur, — le général Serrurier, — Joseph Servan, — Servandoni, — L. Servin, etc., etc. Soixante-quatre portraits in-8 et in-4. Très belles épreuves.

736 — La marquise de Sévigné et sa famille, — P. Sevin, — Fr. Sforza, — Shakespeare, — Scheridan, — Sicard, — Miss Siddons, — Sidney, — sir Sidney, — Smith, — Sieyès, — Sigalon, — J.-B. Silva, — marquise de Simiane, — Miss Smithson, etc., etc. Trente-huit portraits in-8 et in-4. Belles épreuves.

737 — F. Snyders, — J. Soanen, — Jean III Sobieski, — Mlle de Sombreuil, — duchesse de Somerset, — Sommariva, — Sonnini, — Sonnet de Courval, — Robert Sorbon, — Agnès Sorel, — maréchal de Soubise, — Frédéric Soulié, — le maréchal Soult, — Robert Southey, — Ed. Spencer, — R. Spencer, — J.-R. Spielmann, — Ambroise

Spinola, — Spontini, — Mme de Staël, — Le roy Stanislas, etc. Quarante-huit portraits in-8 et in-4. Belles épreuves.

738 — J. Steen, — L. Sterne, — Steuben, — Lady Stanhope, baron de Storck, — lord Strafford, — le comte de Struensée, — Frances Stuart, — le prince Ch.-Ed. Stuart, — F. Suarez, — F. Sublet, — le maréchal Suchet, — Eugène Sue, — de Suffren, — Sully, — le duc de Sussex, — Th. Sutton, — Souwarow, — Swift, — Sydenham, — Sidney, etc. Quarante-trois portraits in-8 et in-4. Belles épreuves.

739 — Maria Taglioni, — Talleyrand, — Mme de Talleyrand, — Tallien, — Mme Tallien, — Talma, — Omer Talon, — Denys-Talon, — N.-H. Tardieu, — Target, — le Père Grég. Tarrisse, — Le Tasse, — le Maréchal de Tavanes, — le baron Taylor, — Guillaume Temple, — le cardinal de Tencin, — Mme de Tencin, — David Téniers, — Terburg, — l'abbé Terray, etc. Quarante-quatre portraits in-8 et in-4. Belles épreuves.

740 — Le comte de Tourville, — Toiras, maréchal de France, — Treillard, — Barth. Tremblay, — Abr. Tremblay, — le baron de Trenck, — le duc de Tresme, — de Tressan, — Trichet, — Tristan l'Hermite, — amiral Tromp, — Tronchet, — Th. Tronchin, — Troyon, — Tubeuf, — Turenne, — le prince de Turenne, — Turgot, etc. Cinquante portraits in-8 et in-4. Belles épreuves.

741 — J.-L. Ulhand, — D. Antonio de Ulloa, — Louise Ubrique, reine de Suède, — le pape Urbain VIII, — le duc d'Urbin, — P.-J. des Ursins, — A van Utrecht, — Uz. Dix portraits in-8. Belles épreuves.

742 — Otto Vœnius, — S. Vaillant, — Dufriche Valazé, — le chevalier de Valbelle, — P. della Vallé, — Ch. de Valois, — Adrien de Valois, — A. Vanden Velde, — Vander Lamen, — Vandermeulen, — Vander Werff, — J. Van-Huysum. — Th. Vanlonius, — C. Vanloo, — R. Van Orley, — Al. Varano, — P. Varignon, — J. Vatout, — Vauban, — de Vaugelas, — Vauquelin, — Vauvenar-

gues, — Velasquez, — de Vendosme (famille de), etc., etc. Cinquante-neuf portraits in-8 et in-4. Très belles épreuves.

743 — L. de Verdun, — le comte de Vergennes, — Vergniault, Tobie Verhaecht, — J. Verjus, — Verkolie, — le comte de Vermandois, — J. Vernet, — Carle Vernet, — Horace Vernet, — la marquise de Verneuil, — Verrocchio, — Vertot, — André Vesale, — Vestris, — Victor-Amédée, duc de Savoie, — la reine Victoria, — Alfred de Vigny, etc. Cinquante et un portraits in-8 et in-4. Belles épreuves.

744 — Le maréchal de Villars, — Mme Villedieu, — Villemain, — marquis de Villeroy, — la duchesse de Villeroy, — François Villette, — Charles Villetti, — F. Villon, — Saint Vincent de Paul, — L. de Vinci, — cardinal de Vintimille, — Viollet-le-Duc, — J.-B. Viotti, — Henri de Virieu, — Visconti, — le duc de Vivonne, — l'abbé Voisenon, — Voiture, — Volney, — Volpato, — G. de Vos, — G. Vossius, — Simon Vouet, etc. Cinquante et un portraits in-4 et in-8. Belles épreuves.

745 — Voltaire (portraits et sujets historiques relatifs à). Trente-six pièces in-8 et in-4, dont plusieurs avant la lettre.

746 — Comtesse Walewska, — comte de Walstein, — Ed. Waller, — H. Walpole, — J. Walker, — Mme de Warens, — J. Warin, — Anna Waser, — Washington, — James Watt, A. Watteau, — J. Wenix, — Weirotter, — Wellington, — J. Wildens, — J. Wilkes, — D. Wilkie, — Wilkelmann, — Winslow, — les frères de Witt, — général Wolff, — F. Wouters, — Ph. Wouwermans, etc. Cinquante-sept portraits in-8 et in-4. Belles épreuves.

747 — Le cardinal Ximenès, — Ed Young, — F. Zambuccari, — le Dominiquin, — Zanetti, — l'abbé Zani, — F. Zucchero, — Zurita, etc. Quinze portraits in-8 et in-4. Belles épreuves.

748 — Portraits divers, pouvant servir à illustrer les Lettres de Mme de Sévigné. Cent treize portraits in-8, dont quelques-uns avant la lettre. Très belles épreuves.

VIGNETTES

749 — **Anonyme**. Suite complète de six gravures in-8, pour *le Doyen de Killerine*, par l'abbé Prévost. Belles épreuves.

750 — **Bergeret**. Suite complète de douze gravures, in-8 pour les *Fables de La Fontaine*, édition de Charles Nodier. Une est double à l'état d'eau-forte. Treize pièces.

751 — **Borel**. Neuf gravures in-8 pour *Tom Jones*, publiées dans les romans de Laplace. Belles épreuves.

752 — Neuf vignettes in-18 pour *Tom Jones*, de Fielding. Epreuves en double état, avant et avec la lettre. Manque une figure avant la lettre. Dix-sept pièces.

753 — **Boucher** (d'après **F.**) Rodogune. Acte V, scène IV, gravé par Mme de Pompadour. In-4. Belle épreuve.

754 — **Colin**. Suite complète de treize gravures in-8, pour les Œuvres de Tressan, édition Neveu, 1823. Très belles épreuves avant la lettre, sur chine.

755 — **Corbould**. Neuf gravures in-18, à claire-voie, pour les Œuvres de Bernardin de Saint-Pierre. Épreuves avant la lettre, sur chine.

756 — **Desenne**. Quatre gravures in-18, pour *Paul et Virginie*, édition Janet. Epreuves en double état avant la lettre, et eaux-fortes.

757 — Suite complète de treize gravures in-8, dont un portrait, pour les Œuvres de Regnard. Superbes épreuves à l'état d'eau-forte.

758 — La même suite. Très belles épreuves, sur chine.

759 — Suite complète de dix-huit gravures in-8, pour les Œuvres de Molière, édition Lefèvre. Belles épreuves avant la lettre.

760 — Suite de vingt et une gravures in-18, publiées dans la Bibliothèque française, pour les Œuvres de Molière. Epreuves avant la lettre, sur chine.

VIGNETTES

761 — **Desenne.** Quatre gravures in-18, pour *Manon Lescaut*, publiées dans la Bibliothèque française. Epreuves avant la lettre.

762 — La même suite. Belles épreuves avant la lettre.

763 — **Deveria.** Suite complète de vingt-quatre gravures in-18, pour *Gil-Blas* de Lesage, publiées dans la Bibliothèque française. Epreuves avant la lettre.

764 — Vignettes in-8 à claire-voie, pour *Don Quichotte*. Six pièces.

765 — **Deveria et Johannot.** Onze gravures in-8, pour les Œuvres de Rousseau, publiées par A. Aubrée. Belles épreuves.

766 — **Divers.** Trente-deux gravures in-8, d'aprés différents maîtres, pour la *Sainte Bible*, publiées par Furne.

767 — Illustrations pour les Œuvres de Shakespeare. Soixante pièces in-4. Belles épreuves.

768 — Illustrations pour *Walter Scott*, par Corbould, Leslie, Allen, Johannot, Lami, Stothard etc., etc. Cent quarante et une pièces, dont beaucoup sont avant la lettre.

769 — Portraits et vignettes pour les Œuvres de Bernardin de Saint-Pierre. Seize pièces.

770 — Vignettes in-8, pour *Don Quichotte, La Fontaine, Bernardin de Saint-Pierre*, etc. Dix-neuf pièces, en partie avant la lettre.

771 — Vignettes et portraits pouvant servir à illustrer les Œuvres de La Fontaine. Vingt-trois pièces.

772 — Vignettes anglaises in-8, pour illustrations des Œuvres de Shakespeare. Vingt-huit pièces, en partie avant la lettre.

773 — Vignettes anglaises pour illustrer les Œuvres de Walter Scott. Vingt-neuf pièces.

774 — Vignettes et portraits pour les Œuvres de Boileau, édition de Saint Surin. Vingt et une pièces.

775 — Vignettes relatives à l'*Histoire de Henri IV*. Quatorze pièces.

VIGNETTES

776 — Sous ce numéro, il sera vendu quelques lots de vignettes pour illustrations des XVIIIe et XIXe siècles.

777 — **Folkema.** Sept figures in-8, pour Les *Nouvelles* de Cervantes. Belles épreuves.

778 — **Fortin** (d'après). Neuf gravures in-8, en travers, gravées par Girardet, pour le *Boileau*. In-fol., publié chez Didot. Belles épreuves, avant la lettre.

779 — **Fragonard fils.** Suite de dix gravures in-8, dont un portrait, pour les Œuvres dramatiques de Destouches. Très belles et rares épreuves à l'état d'eau-forte, toutes marges.

780 — **Galerie** des artistes dramatiques de Paris. Paris, Marchand, 1841-1842. Deux volumes in-4, en feuilles.

781 — **Gravelot.** Seize gravures in-8, pour *Tom Jones*. Belles épreuves.

782 — Suite complète de treize gravures in-12 pour *la Nouvelle Héloise.* Édition de 1764. Belles épreuves.

783 — Suite de trente-cinq gravures in-8, pour les Œuvres de Corneille. Édition de 1764. Très rares épreuves du premier état, avant la bordure.

784 — **Illustrations** of Shakpere's Works, containing one Hundred and fifty engravings on steel and Wood, adopted to all editions. Paris, 1839.

785 — **Jacque** (Ch.), vignette in-8 pour les Œuvres de Walter Scott. Trente-deux pièces.

786 — **Johannot.** Quatre vignettes et un portrait pour les Œuvres de Beaumarchais. Belles épreuves.

787 — Suite complète de dix gravures in-8 pour *le Vicaire de Wakefield*, de Golsmith. Belles épreuves avant la lettre.

788 — Suite complète de trente-trois gravures in-8, publiées par Furne, pour les Œuvres de Walter-Scott. En livraisons.

789 — Vues pittoresques et monuments remarquables de l'Écosse, gravés pour les Œuvres de Walter-Scott. Paris, Furne, 1832. Quinze pièces.

VIGNETTES

790 — **Laffitte.** Suite complète de douze gravures in-8, dont un portrait, pour les Œuvres de Destouches. Très belles épreuves.

791 — **Lebarbier.** Neuf gravures in-8, pour l'édition originale des Œuvres de Chateaubriand, publiées par Lenormand. Belles épreuves.

792 — **Lefèvre.** Suite complète de huit gravures in-18 pour *Manon Lescaut,* par l'âbbé Prevost, édition Didot, 1797. Superbes épreuves avant la lettre, toutes marges; une est double à l'état d'eau-forte. Neuf pièces.

793 — **Lefèvre** et **Lebarbier.** Suite de vingt-quatre gravures in-18, pour *Don Quichotte.* Très belles épreuves, toutes marges.

794 — **Marillier.** Les illustres Français, gravés par Ponce. Trente-six pièces in-fol. Belles épreuves.

795 — Six vignettes in-8 pour *l'Esprit de Henri IV.* Une pièce est double, à l'état d'eau-forte. Sept pièces.

796 — **Monnet** (d'après). Suite complète de douze gravures in-8, dont un portrait, pour les Œuvres de Colardeau. Édition de 1799. Belles épreuves.

797 — **Moreau.** Abailard donnant à ses disciples des leçons de morale, — Réception d'Héloïse au Paraclet par Abailard. Deux pièces in-4; une est double, à l'état d'eau-forte.

798 — Huit gravures in-8, dont un portrait, pour les Œuvres de Regnard. Très belles épreuves.

799 — Vignette in-8, gravée par Basan, pour les *Métamorphoses* d'Ovide. Épreuve avant toutes lettres, grandes marges.

800 — Sept gravures in-8, dont un portrait, pour les Œuvres de Crébillon, publiées par Renouard. Belles épreuves.

801 — Treize gravures in-8, dont un portrait gravé par Saint-Aubin, pour les Œuvres de Racine, publiées par Renouard. Très belles épreuves.

802 — Suite complète de huit gravures in-18 pour *Psyché* et *Adonis.* Belles épreuves.

VIGNETTES

803 — **Moreau**. Suite de vingt-six gravures in-8 pour les Œuvres de La Fontaine, édition de 1814. Belles épreuves.

804 — **Moreau et Laffite**. Dix vignettes in-8 pour les Œuvres de Bernardin de Saint-Pierre. Belles épreuves.

805 — **Moreau et Lebarbier**. Vignettes in-4 pour les Œuvres de Rousseau, édition de 1774. Neuf pièces. Très belles épreuves.

806 — **Moreau et Prud'hon**. Suite complète des vingt-six gravures in-8 pour les Œuvres de Corneille, édition Renouard. Belles épreuves, grandes marges.

807 — **Moreau et Queverdo**. Vignettes in-18 et in-12, pour les Œuvres de Florian. Huit pièces.

808 — **Perdoux**. Suite de seize vignettes in-8 pour les Fables de La Fontaine. Belles épreuves.

809 — **Picart** (Bernard). Culs-de-lampe, pour une édition in-fol. des Œuvres de Boileau. Amsterdam, 1728. Vingt-cinq pièces tirées hors texte, marges.

810 — Suite de sept gravures in-8, dont un portrait, gravés par R. de Launay, pour Boileau. Belles épreuves.

811 — **Prud'hon** (d'après). Six gravures in-8, gravées par Copia, pour la *Nouvelle Héloïse*. Belles épreuves.

812 — **Ransonnette**. Treize gravures in-8 pour les Œuvres de Sterne. Belles épreuves.

813 — **Richter**. Engravings froms Milton's Paradise Lost London 1799. Vingt-six pièces in-4. Très belles épreuves.

814 — **Stothard**. Dix-neuf gravures in-8, dont un portrait, pour Robinson Crusoë, édition de Panckoucke, 1800. Très belles épreuves, sur chine.

815 — **Vernet**. Dix-sept gravures in-8 pour les Œuvres de Molière, plus huit pièces doubles avant la lettre ou à l'eau-forte. Vingt-cinq pièces.

816 — **Vernet et Lami**. Vignettes in-8 pour *Don Quichotte*. Douze pièces.

Imprimerie D. Dumoulin et Cᵉ, rue des Grands-Augustins, 5, à Paris.

www.ingramcontent.com/pod-product-compliance
Ingram Content Group UK Ltd.
Pitfield, Milton Keynes, MK11 3LW, UK
UKHW021220230726
13926UKWH00003B/1137

9 782014 461077